SERGIPE
Colcha de Retalhos

Clóvis José Rosendo Bomfim

Aracaju

2019

Copyritght©2015 – 2019. Clóvis José Rosendo Bomfim

Capa e editoração eletrônica:

Clóvis José Rosendo Bomfim

Revisão:

Liliam Carine da Silva Lima

B695s	Bomfim, Clóvis. Sergipe: colcha de retalhos. /Clóvis Bomfim. - Aracaju: ArtNer Comunicação, 2019 105p.: Il. ISBN: 978-85-69567-57-8 1. Historiografia Sergipana –Memórias 2. História-Cultura- Sergipe I - Título CDU: 94 (813.7) - 3

Ficha catalográfica elaborada pela Bibliotecária: Jane Guimarães Vasconcelos Santos CRB-5/975

"Honra e glória à Província de Sergipe, que a nenhuma outra das demais províncias cedeu na manifestação do mais ardente patriotismo, e eu reconhecendo esta verdade sinto-me dominado pelo mais vivo e intenso prazer".

(Evaristo Ferreira da Veiga - presidente da província de Sergipe)

Dedicatória

DEUS sobre todas as coisas!

A José Demésio Bomfim e Maria Núbia Rosendo Bomfim, meu pai e minha mãe;

Aos irmãos boníssimos Volnei, Adailson, Margareth, Demésio Filho, Nancy, Nadieje, Rosemberg e Ezequiel;

Para Laudiceia, Clardis, Cloanderson e Cloilton: "coração, Juventude e fé", preconiza o talentoso cantor e compositor da MPB Milton Nascimento na canção "Coração de Estudante".

Ao erudito amigo, ícone e cultor do magistério jurídico sergipano, doutor Carlos Alberto Garcia Leite.

O estudioso, gentil e promissor, Jandison Moura da Silva, meu muito obrigado; os historiadores João Mouzart de Oliveira Junior e Wanderlei de Oliveira Menezes.

Aos sergipanos, em especial para a população forte, ordeira e trabalhadora de Porto da Folha, onde constituí novos laços fraternos, com distinção a Otoniel Juvêncio da Silva (gordo) e Adalzina Santos Feitosa, Jussara Santos Feitosa Bomfim, Pedro Aragão Gouveia, Tiago Rodrigues Silva Santos e Aline Santos Feitosa, Erika Feitosa da Silva.

Familiares

Alguns estão dispersos por imposições geográficas, em parte, distanciados por motivações profissionais, mas não esquecidos. Os que são passageiros da grande arca da vida, singrando os mares da sobrevivência e das alegrias terrenas: Heilane Rosendo, Wédja Araújo; Sité Rosendo Pessanha, Vera Rosendo da Silva; Josinaldo Rosendo (Jó), Josinete, Josilene, Josineide Rosendo, Josival (Val) e José Rosendo dos Santos Júnior; Rosidete Rosendo (Rose); Valdemar dos Santos Filho (Santinho), Maria Beatriz (Béa), Valdomiro, Antônio, Jorge dos Santos, Roberto Eduardo dos Santos; Leôncio Francisco dos Santos, Maria Araci da Silva, José Francisco da Silva Santos, Maria Sueli, José Alberto (Toquinho), Maria de Fátima, Maria Edvânia da Silva Santos e José Domingos da Silva Santos. E, aqueles, hoje, orbitantes da esfera extrafísica, essência da frequência eterna, invisíveis a este plano: Neuton Valdemar dos Santos (Nêuto), (in memoriam), Maria Luciene dos Santos (in memoriam), Francina dos Santos (in memoriam), Rosalvo Rosendo Júnior (in memoriam). Fisicamente ausentes, mas onipresentes resguardados no álbum da memória. Numa dessas voltas, adjacentes ao espaço paralelo físico/extrafísico, um reencontro talvez, seja possível.

Agradecimentos

Meu reconhecimento ao trabalho de excelência dos profissionais da Editora Diário Oficial de Sergipe (Edise), nos gestos de cordialidade, amizade e solicitude a mim dedicados pela senhora Sônia Pedrosa (Gerente Editorial), as revisoras Rosilene dos Santos e Vanessa Góes, aos designers Edson Lima, Felipe Ferreira e Clara Luiza Macedo; Milton Alves (Diretor Industrial), Carlos Alberto Leite Prado (Diretor Administrativo-financeiro), Jacilene Vieira Braga, e ao mui respeitabilíssimo professor e historiador Jorge Carvalho do Nascimento.

Em memória de Manuel Demésio Bomfim e Maria Margarida Bomfim, Pedro Rosendo dos Santos e Antônia Carlos dos Santos, quanta falta me faz...

SUMÁRIO

Antelóquio do Tomo

Doutor Carlos Alberto Garcia Leite *

Em nome de DEUS, inicio Prefácio, evocando uma de suas manifestações – BAHÁ'U'LLÁH da Pérsia, que ensina: *"- Bem-aventurado é o lugar, a casa e o coração, bem aventurada a cidade, a montanha, o refúgio, a caverna e o vale, a terra e o mar, o prado e a ilha, onde se haja feito menção de DEUS e celebrado Seu louvor".* São bem-aventurados então Santo Amaro das Brotas – SE e seu pródigo filho historiador consagrado Clóvis José Rosendo Bomfim, orgulho da literatura cotinguibense e sergipana. Nesta sua monografia *'SERGIPE*

Dr. Carlos Alberto Garcia Leite

COLCHA DE RETALHOS', demonstra seus dotes de pesquisador, capacidade, inteligência rara, humildade e presenteia o Estado com fatos importantes de nosso pretérito. Aqui ele leciona História, do Brasil, Portugal, Península Ibérica, Bahia, Sergipe e especialmente do Vale dos Rios Cotinguiba e Sergipe, onde incrustada está a sesmaria de Juruama. Uma obra de grande utilidade didática e que possuíssemos gestores educadores decerto não teríamos tanta ações criminais em nosso Distrito Judiciário. O autor aponta etapas da evolução histórica e sem olvidar, traça diretrizes patrióticas. Da reconstrução de Lisboa ao domínio espanhol, da Rainha Maria I ao Governador do Brasil Luiz de Souza, Pe. Jozeph de Souza em N. S. do Socorro, de Salvador à nossa São Cristóvão e Itabaiana das malacachetas, das questões de limites entre Pernambuco + Alagoas @ Sergipe + Alagoas pela posse de Brejo Grande, de Simão Dias – SE @ Jeremoabo – BA, enfim, das independências do Brasil, da Bahia e de Sergipe, tudo em linguajar puro, escorreito e movediço. É uma obra histórica, bem estruturada, que com a percuciência e firmeza premia a nossa intelectualidade. Evocamos o célebre Pe. Antonio Vieira: *"– O fim para que os homens inventaram livros foi para conservar a memória do passado, contra a tirania do tempo e contra o esquecimento dos homens, que ainda é a maior tirania"*. Do mal preconizado pelo sacerdote, Santo Amaro não está incluído, graças ao literata autóctone Clóvis Bomfim. E o próprio Padre Vieira da Bahia retrata a personalidade do humílimo autor: *"– O melhor retrato de cada um é aquilo que escreve. O corpo retrata-se com o pincel, a alma, comum pena e papel"*. Parabéns Prof. Clóvis! Pela amplitude da temática, pela qualidade histórico-científica apresentada, pela dedicação autoral, pelo destaque peculiar dado à nossa região, pelas pesquisas e conclusões relevantes de temas selecionados, esta obra didática, de consulta obrigatória de estudantes e mestres, merece lugar de destaque na literatura nacional.

- Pátria? – Brasil!

Santo Amaro das Brotas, 25 de Agosto de 2015.

* Militar de origem, operário do Direito e do Magistério

<u>Capítulo 1</u>

Caminho das pedras

O mês era julho, provavelmente inverno rigoroso de 1619, em Sergipe. Em uma das cartas acarretada de detalhes considerados relevantes para o que se pleiteia à demonstração, a primeira dessas missivas, foi concebida em abril do ano em voga, quando o signatário se achava ancorado na Bahia. Embora conhecidas de todos e o conteúdo tenha deveras cumprido o seu papel e se transformado no elemento principal de estudos para respeitáveis historiadores e cronistas, ainda é fato pouco familiarizado para este inexperiente autor, de retórica pobre, sem aspirar méritos ou notabilidade de grande prosador e capacidade limitada. Mas, é fácil superar tais insuficiências através do que há de interessante na epístola subsidiária deste tema: revelar trechos do teor. Vamos aos fatos mais pitorescos da narrativa.

Como disse acima preliminarmente, era inverno de 1619, faltando ainda longo período para se completar o ciclo da primeira metade do século XVII. A bordo de navio cujo nome não foi possível identificar, e, portanto, ainda mantém-se em incógnita. Além da tripulação, e outros notáveis figurões, estava o governador e "capitão-general do Brasil", Dom Luiz de Souza, pessoa que assinou a autoria da respectiva mensagem. Dirigindo-se a Alagoas para tratar de assuntos e providências do interesse do Rei Filipe II, - o destinatário da referida correspondência.

Às vistas da existência de pedras preciosas, supostamente descobertas em Itabaiana por Belchior Dias Morea (sic), notícia propalada por ele mesmo e confirmada por outros indivíduos, também amiúdes na região, que depois foi negado com repreensível contumácia pelo referido Morea. Suspeitando dessa atitude e obrigando-lhe a acompanhá-lo na viagem, Dom Luiz de Souza, antes de ir a Sergipe deslocou-se com sua comitiva da Bahia passando por Pernambuco e depois Alagoas e, de onde, em tese, parece ter retornado.

A convite do governador do Brasil, um representante da estirpe dos D'avilla, Francisco Dias D´Ávilla - neto do português Garcia D'Ávilla e sobrinho do próprio Belchior -, juntou-se àquela expedição.

A viagem, conforme descreveu Dom Luiz, iniciou no dia 15 de julho, de Rio Real, na Bahia, fazendo a travessia para Sergipe. O percurso foi feito através de rotas fluviais e terrestres, enfrentando o frio, perigos, inúmeras dificuldades e desconfortos que pareciam não ter fim, até chegar à grande serra de Itabaiana, imponente, ostentando sua exuberância verde e monumental, que do sopé, o grupo de exploradores, saiu abrindo passagem na vegetação. Como em procissão, a diminuta coluna de homens, segundo assinalou, logo que chegou, seguiu jornada no dia seguinte, em que foi necessário escalar metade de um caminho aladeirado de um monte.

> parti por terra em 15 de julho cõ gramde invernada e infinitas descomodidades; e vemdo me no Rio Real com Belchior dias passei dali a Seregipe (...) fui a serra da tabanhana des legoas ao sertão da cidade.[1]

Logo encontraram as primeiras evidências de um minério. Um conjunto de pedras esbranquiçadas com superfície lisa e arredondadas, rapidamente identificadas como seixos que abundavam o solo. Nesse meio tempo, Dias Morea já anunciava o sucesso da jornada quando chegou a uma mina denominada "São Pedro". O local, conforme Dom Luiz, o governador expedicionário, não passava de gruta incrustada na rocha, de pequena profundidade e, de onde recolheram amostras achadas desprendidas e a esmo, no entanto, arrematou desiludido:

> Resão de hua pequena beta que cavando ao sentro em pouca altura loguo se perdia, toda via estava muy longe de ter as cavidades que a verdadeira mina Requer e tirou se do socavão hua pedra branca vija passada di alguns vieiros.[2]

Experientes mineradores que acompanharam a excursão, como o peruano Fernão Gil Castelhano, de 30 anos, realizaram testes e raspagens nas pequenas composições rochosas utilizando-se de instrumentos específicos, sem que dessas análises, indicassem o resultado desejado. Confuso, Belchior Dias Morea, talvez enfrentando súbito momento de perplexidade, face ao fracasso de, com o ato de percutir as pedras, frustraram as expectativas do governador do Brasil.

Convencidos por Dias Morea, - revelando uma insegurança que lhe aflorou desfavorável para aquela circunstância -, e ansiando recompensar o infortúnio da empreitada, sugeriu realizar buscas em outras minas em Rio Real, na tentativa de encontrar os preciosos minérios para onde o capitão-mor Martin de Sá (sic), sob a determinação do governador do Brasil, foi incumbido de acompanhar a expedição. Assim fez seguir para Rio Real, aonde chegou dias depois.

Todavia, a sorte pelo que se notou, tê-lo-ia abandonado, o ambiente enturvado indicava dias difíceis ainda porvir, quando um minerador italiano atribuiu às pedras achadas em Rio Real, a mesma irrelevância das que foram encontradas em Itabaiana. Custodiado, Dias Morea foi recolhido ali mesmo, na Bahia, sem prerrogativas, onde ficou preso por dois anos, - acrescenta-nos o mui respeitável historiador e juiz federal, doutor Vladimir Souza Carvalho, autor de *Santas Almas de Itabaiana Grande*, (1973).

Abaixo, sem poupar-lhe as críticas sobre não possuir condições e instruções suficientes, literalmente textualizou Dom Luiz:

> acabado de desenganar, e comvencido Belchior Dias de sua ignorância e pouco fundamento com q entrava em neguoçio de tanta comçiderasão, fiz o auto que com esta envio a Vmg.de p.a constar da verdade trazendo o preso comiguo a esta Bahya onde fica e se trattara do cazo com o parecer que comvem.[3]

Aquela situação vexatória, até onde se sabe, terminou ali para Belchior Dias Morea o plano que arquitetou para ser agraciado com o título de fidalgo da casa real e, no mesmo momento receber a "administração geral das minas". Morea deteve-se na região serrana de Itabaiana, talvez por três ou quatro anos, hipoteticamente, desde 1616, dedicando-se exclusivamente à exploração das minas. Contudo, renomados estudiosos afirmam a postura inflexível dele recusando-se a revelar a localização exata das reservas, o eldorado sergipense, como certamente assinalaria o memorável erudito, Sebrão Sobrinho.

De certo modo, a participação de Dom Luiz nas buscas pelas minas de prata em Itabaiana e Rio Real, serviu para dar lugar à verdade, descaracterizar quimeras e desenganos. Enfático, ao epilogar sua dicção, manifestou o desejo de integrar diretamente às novas expedições, garantindo com grande esmero, oferecer resultados positivos, acrescentando que, apesar dos infortúnios e dos eventos fortuitos, considerou todas as experiências vividas por ele bem empregadas.

Um século depois, já contando os dias de outubro de 1742[4], recriando as trilhas deixadas por Belchior Dias Morea, - quem sabe um neto ou bisneto dele -, surgiram os rumores de um minerador desconhecido que estava realizando escavações na serra de Itabaiana à procura de ouro. Ele montou alojamento provisório próximo ao leito do riacho "Cajaiba" nas imediações do "sítio mocambo". Os resultados das explorações foram tão infrutíferos quanto os empreendidos pelo mesmo Dias Morea, e cujo tema discorremos anteriormente.

Por sugestão de terceiros, teoricamente, o ilustre caçador de minérios preciosos desacampou e seguiu para vila de Lagarto julgando ter maior sorte. Sobre esse misterioso viajante, o capitão-mor de Sergipe, Francisco da Costa, informou ao vice-rei do Estado do Brasil, o Conde das Galveias, e esse, dirigindo-se por correspondência ao rei Dom João V, revelou num trecho da carta, reiterando que, o minerador era oriundo de Jacobina, interior da Bahia. Isso era tudo.

De tal sorte, a estada do mencionado viajante em território itabaianense, segundo o Conde das Galveias[5], por sua ambição, resultaria em gerar prejuízos nas lavouras, especificamente nas plantações de tabaco e refletindo com maior gravidade na produção de farinha, esses produtos achavam-se listados no ciclo da economia.

André de Melo e Castro, foi o quarto Conde das Galveias, nasceu em dezembro de 1668 e faleceu aos 29 de janeiro de 1753. Governou a província de Minas Gerais, entre setembro de 1732 a 26 de março de 1735.

Em 1696, o sertanista Pedro Barbosa Leal também percorreu trilhas antes desbravadas por Dias Morea nas serranias de Jacobina e os montes Piquaraçá, atualmente denominado Monte Santo, na Bahia. É certo também afirmar que, Belchior Dias Morea esteve, no ano de 1596, procurando por metais em Juazeiro.

À parte, estando à margem de todo acontecimento, a imperiosa oralidade popularesca não endossava nenhum crédito de confiança quanto à veracidade dos minérios descobertos e os seus valores comerciais, atribuindo-lhe uma importância exígua àquela ofertada ao "ouro de tolo", sem que fosse necessário estabelecer linha divisória entre crédulos e aqueles que defendiam as bases do ceticismo.

No entanto, pouco mais de um século, apesar dos mitos, foi o tempo que se demandou para confirmar a existência de diamantes e ouro na serra de Itabaiana depois das inúmeras tentativas de Belchior Dias Morea e tantos outros; e posteriormente em 1742, por um explorador desconhecido, em que se especulava ter sido um possível descendente dele.

Até 1857, cinquenta mineradores trabalharam vasculhando e revolvendo a área onde colheram os frutos extraídos da terra. O que traria certo status para Sergipe, e na mesma balança atrairia a atenção de aventureiros e oportunistas e os desenfreio de suas ações.

> De longa data se refere nesta Provincia a existencia de preciosidades mineralogicas, principalmente na serra de Itabaiana a 9 legoas de distancia da Capital (...) Depois de alguns mezes de penosos trabalhos, tive ccomunicação de se haverem colhido alguns diamantes, e uma quantidade não pequena de ouro.[6]

O próprio presidente da província sergipana, doutor Salvador Correia de Sá e Benevides, foi pessoalmente à região serrana de Itabaiana verificar de perto a consistência da notícia sobre os minérios encontrados no lugar. Claro, levando sempre em conta o peso das quimeras alardeadas desde o distante pretérito, no século XVII.

Ainda em 1857, Benevides convenientemente aceitou a oferta do naturalista alemão Adolpho Henrique Droge, de explorar as reservas de "carvão de pedra", ou "carvão mineral" em sua forma de combustível mais primitiva, que existiam no território sergipano. Entre outros elementos, e estudos atualizados comprovam que na composição envolve: "carbono, enxofre, hidrogênio, oxigênio e nitrogênio". Para os quatro tipos de carvão mineral classificados, não há como confirmar a que grupo pertence os que foram encontrados em Sergipe.

Adolpho Henrique nada cobrou de vantagem pecuniária do governo, apenas, condicionou que lhe fosse fornecido os instrumentos próprios necessários para a execução do trabalho. Como disse a princípio, ele não aceitou nenhum tipo de remuneração antes da apresentação do resultado de seus estudos. Por último, o doutor Salvador Correia de Sá e Benevides, asseverou:

> Tenho em meo poder já algumas amostras de carvão extrahido da primeira mina que foi aberta. [7]

Contudo, pelo que já foi exposto, recordemos o que destacou o doutor Joaquim Pires Machado Portella, então presidente interino do Instituto Arqueológico, em discurso proferido no Salão da Biblioteca Pública Provincial no Convento do Carmo, em 28 de janeiro de 1862, no cerimonial de inauguração da Sociedade Arqueológica Pernambucana. Disse ele: "se é certo que o sábio não vai de todo à sepultura e revive em suas obras". Eloquente, concluiu: "Quem diz história, diz passado, e quem diz passado, diz velhice – experiência – saber".

Os relatos escritos ao longo dos séculos, como os que dissertamos, por exemplo, exprime com notável valor o argumento defendido pelo proeminente doutor Joaquim Portella.

Capítulo 2
Capitão-mor Jerônimo de Albuquerque

Após avaliação e expedimento de parecer assinalado pelo Conselho Ultramarino de Lisboa, em Portugal, por consulta de 28 de abril de 1655, e anuência, provavelmente do rei Dom Afonso VI, foi atendida a petição, datada de 16 de junho do referido ano, para ocupar o posto de capitão-mor de Sergipe por Jerônimo de Albuquerque. Ele estava casado na época, tinha filhos, e era detentor do cobiçado título de fidalgo da casa real, e ostentava indubitável folha curricular de prestação de serviços ao reino luso, portanto, ele não estampava feição jovial.

Outros potentados lusitanos com reluzentes insígnias honoríficas como Gaspar de Barros Calheiros, integrante da Armada, herói e cônscio à causa nacional portuguesa, presente em momentos marcantes e decisivos na história do Brasil, desde 1624 até 1643. Por quase duas décadas e mais outros tantos anos de esforços, servindo aos interesses e domínio de Portugal, envolvido diretamente na restauração da Bahia contra a investida holandesa, inicialmente atuando primeiro como "soldado", depois "Alferes, e Tenente do Comissário da Cavalaria de Pernambuco".

Em duas ocasiões, em Rio Real, região nordeste da Bahia, Barros Calheiros acompanhou o general da Cavalaria, Dom Francisco de Moura, para forçar a debandada da poderosa súcia holandesa ali sitiada e, que deixou uma cicatriz profunda na face do Brasil.

Gaspar de Barros Calheiros, apenas permutou o cargo de "escrivão do peso na Bahia" (sic), que já estava extinto, para requerer provimento da capitania de Sergipe por nove anos. Antes de capitular um possível deferimento, o Rei Dom João IV, em 30 de Julho de 1652, determinou ao Conde de Odemira, governador do Brasil, que fosse feito o levantamento detalhado dos serviços prestados pelo peticionante. O monarca Dom João IV, segundo alguns historiadores e cronistas, nutria pelo referido conde especial apreço.

> Conde Governador Amigo. Eu ElRey vos envio muito saudar, como aquelle que amo. Por parte de Gaspar de Barros Calheiros, estante nesse Estado, se me reprezentou aqui ter servido nas guerras delle, desde o anno de 624; em que foi embarcado na Armada da restauração da Bahia.[1]

Manifestaram-se recíprocos almejando ocupar a vaga de capitão-mor de Sergipe, Antonio Roiz França (sic), Manoel de Lucena de Areda (sic) e Felix da Mirim de Paços (sic). O primeiro deles, Roiz França, conforme apreciação extraída do parecer do Conselho Ultramarino, que sublinhou, entre outros predicados, além da comenda de "Cavaleiro da Ordem de Cristo", igualmente, se fez continente envidando-se na guerra de Pernambuco contra o ataque holandês, entre os anos de 1630 a 1652, ferindo-se nessa ocasião. Durante a fase que a contenda se desenrolou, ele pousou no cargo de ajudante de "tenente de mestre de campo" (sic) e, ocupou por oito anos o posto de capitão de infantaria. Fez diligência em território da Bahia ao lado do "Conde de Atouguia" para rechaçar os invasores vindos da Holanda.

Manoel de Lucena de Arede, presente nos conflitos deflagrados em terras pernambucanas, entre os anos de 1631 a 1653, em que também saiu ferido. Astuto, ele era capaz de interromper a atividade em que estivesse se dedicando, talvez conciliando uma tarefa dentro de outra, objetivando dar celeridades às suas atribuições interposta às medidas mais urgentes que o caso exigisse.

Sua destreza foi observada pelos membros do Conselho que, apesar de reticentes, não conferiu comentários que se digam positivos ou negativos. Outro fato que não escapou ao crivo do corpo deliberativo: Manoel de Lucena chegou a sustentar as campanhas bélicas com o próprio dinheiro. Mesmo diante da ofensiva holandesa, ele jamais foi feito "prisioneiro de guerra".

Quanto à guerra, falemos fugazmente sobre um episódio isolado. Os holandeses, intentando invadir Recife, tomaram de assalto, no dia 16 de fevereiro de 1630, a vila de Olinda, devendo como primeira ordem triunfar sobre o Forte de São Jorge, e dali avançarem sobre a capital. Foi o que fizeram os quatro mil e quinhentos homens que se lançaram contra o Forte. Por de trás dos muros, um pequeno contingente de soldados comandados pelo capitão Antonio de Lima e, o reforço que recebeu de 20 voluntários, responderam à ofensiva com hercúleo destemor, e ali guerrearam por cinco longos dias.

Se não incorremos em falta grave de interpretação dos fatos, pela cultura rudimentar deste escriba, passamos a considerar que o séquito holandês, tendo a tentativa de extorsão recusada pela hombridade de Mathias de Albuquerque (sic), e após o saque que fizeram, sentenciou a vila de Olinda às cinzas ateando-lhe fogo. Era novembro de 1631.

Há, ainda, em Pernambuco, relatos heroicos trazendo à frente da bravura popular o nome de João Fernandes Vieira, jovem de apenas de 17 anos naquela época. Em ato de admirável galhardia, quando esteve entre os que resistiram sofregamente em defesa do Forte de São Jorge.

A derrota dos fortificados em São Jorge era irremediavelmente certa, em face da força numericamente superior do inimigo. Vencido, João Fernandes Vieira e outros companheiros envolvidos no conflito conseguiram evadir-se. No momento da fuga, ele, sagazmente escondeu o pavilhão português - orgulho da pátria materna - , sob a roupa que lhe vestia, desejando com essa atitude, impedir que o símbolo nacional não fosse utilizado indevidamente pelos adversários, então triunfantes. É suficientemente satisfatório o número de documentos que desfraldam o assunto.

Contudo, seguindo a ordem sobre a petição apresentada por Jerônimo de Albuquerque, restou expresso o desejo de assumir a capitania de Sergipe, talvez por cinco ou até seis anos. Em réplica ao parecer do Conselho Ultramarino, ele, relutante, inquiriu a respeito de que o cargo de capitão-mor jamais havia sido exercido por tempo inferior ou igual a dois anos. De tal sorte, perseverou reivindicando que a concessão do período fosse estendido em reconhecimento ao seu patriotismo.

Indissimulável, Albuquerque também sustentou a alegação de ter sofrido inestimáveis perdas, como a propriedade rural que possuía e que nos conflitos contra os holandeses, caíra em aparente decadência. Por tudo, coube recorrer à memória do colegiado e ao bom-senso do monarca em lhe autorizar a administração da capitania de Sergipe pelo tempo citado na solicitação.

Considerando a sutil discrição, ali estava incutida a pretensão de restituir-se dos bens que acabou perdendo, quando durante várias décadas esteve a serviço da realeza.

De Lisboa, por ementa assinada em 18 de setembro 1656, o Conselho Ultramarino, apesar de destacar as qualidades dos pretendentes ao posto, apenas limitou-se a opinar que, o tempo de concessão fosse reduzido de três[2], como era costume, para dois anos, e não prorrogar para nove como pretendia Gaspar de Barros Calheiros, ou de cinco e até seis anos como requeridos por Albuquerque.

Enfim, quando Jerônimo de Albuquerque aportou em Sergipe, teoricamente, no transcorrer do mês de julho de 1657, para tomar posse do cargo, foi assolado por surpresa quase indescritível ao encontrar a patriarcal cidade de São Cristóvão reduzida à pilhagem, subvertida por graves infrações e irresolutas.

> Cheguey a esta Capitania de Sergippe del Rey de que Vmg.de se servio fazerme merçes, e tomando posse della, a achey mui desbaratada de seus principais moradores: porque pela occasiam de hua expulça que fizerão do seu Vigairo e outros delictos graves que dela Resultarão[3]

No lugar, ventilou-se ainda a notícia de que o vigário havia sido hostilizado e expulso pelos moradores. Com tamanho caos, Jerônimo de Albuquerque reportou-se ao Conde de Atouguia, governador-geral do Brasil e capitão-general, Dom Jerónimo de Ataíde, pedindo que o instruísse sobre o alcance dos limites jurisdicionais.

Em tais circunstancias, efetuaram-se várias prisões, o que causou a evasão de algumas pessoas. Segundo Jerônimo de Albuquerque, São Cristóvão tinha que passar por um processo lento de reconstrução após ter enfrentado a presença hostil dos holandeses, que gerou as desordens sinteticamente mencionadas pouco acima.

São Cristóvão encontrava-se afetada pela negligência e desproteção. Havia ainda as tensões da ameaça iminente de invasão que poderia ser feita pelo rio, constantemente, navegado por navios e outras pequenas embarcações ocupados por hordas inimigas. Requereu o novo capitão-mor de Sergipe, a construção de um presídio enquanto tentava persuadir o reagrupamento dos habitantes então dispersos naquela ocasião.

Capítulo 3

Sergipe:
doações e a reconstrução de Lisboa

O assustador terremoto que no mês de novembro, em dia de "Todos os Santos", sacudiu a fé dos portugueses, destroçou prédios públicos, mutilando milhares de cidadãos e destruiu a cidade de Lisboa, no ano de 1755, suscitando inúmeras discussões entre estadistas e livres pensadores. Na sismologia, dentro da estatística atual, parece ter atingido o maior grau de intensidade na escala Richter. Sucedera-se ao tremor de terra, violento maremoto, o deslocamento da água do mar avançou com estupenda força e velocidade contra a capital convertendo tudo em escombros.

Segundo vários estudiosos de história, as ondas alcançaram uma altura de 20 metros, e, por fim, como num terceiro ato, Lisboa foi consumida pelo crepitar das chamas provocadas por incêndio devastador. Foi um dos maiores abalos sísmico registrado no mundo. Mesmo inexatos, não tivemos como confirmar o número de vítimas da catástrofe, exceto pelo que centenas de escritores têm se debruçados sobre o assunto, destacando o número de mortos que oscilou entre 10, 15 a 20 mil pessoas.

Absoluto, na passagem do reinado de Dom José I (1714-1777), o Marquês de Pombal, Sebastião José de Carvalho e Melo (1699-1782), abraçou com inegável interesse a incumbência pela reconstrução da capital do reino lusitano. A partir de suas ações administrativas e tirânicas, frise-se, nova fase no rumo da história portuguesa foi reescrita. Os atos e as decisões de Pombal tiveram reflexo direto na economia brasileira, além de exigir contribuição pecuniária devendo ser pagas durante várias décadas até a conclusão da obra de reedificação de Lisboa.

Contudo, Pombal rivalizara-se tenaz com os jesuítas alcançando com as desavenças a culminância de aquela ordem ser expulsa de Portugal e das colônias, como a do Brasil. Além disso, após a coroação da sucessora de dom José I, donna Maria, ele, o Marquês, apostava na renúncia da rainha. Havia evidente conspiração do clérigo contra a permanência dele no poder.

A política pombalina precipitou-se em declive no momento em que a Rainha Maria I, com 43 anos, cognominada, a piedosa, (1734-1816), foi coroada no ano de 1777, por falecimento do seu pai, o já citado rei Dom José I, e sem dissimular, chegou ao ponto de considerar o Marquês de Pombal um estorvo para o sistema político de Portugal. E como primeiro ato, sendo ela extremamente religiosa, de tal modo, deixava transparecer o seu fanatismo, afastou-o do cargo anulando tudo o que fez contra os sacerdotes da companhia de Jesus, retirando-os do ostracismo. Esses, por sua vez, recuperando o orgulho ferido, sentiram-se vingados.

Auxílio circunstanciado - tão logo se fez favorável ao ato que desmembrou a freguesia "Nossa Senhora do Socorro da Cotinguiba" (sic), outrora sob influência eclesiástica de "Nossa Senhora da Vitória da Cidade de Sergipe de ElRey" (sic), ou seja, em São Cristóvão, motivado, segundo o vigário colado da igreja matriz de Socorro, o padre José de Souza - ou Jozeph de Souza, como consta do documento, datado de 5 de abril de 1748, de onde extraímos as informações - , pela grande distância forçosamente percorrida pelos moradores da paróquia respectiva. Assim assinalou conciso:

> por cauza das m.tas legoas em que ficavam os moradores da-
> quella paragem, e o grande detrim.to q lhe cauzava satisfazerem
> os preceitos da Igreja na Matriz como eram obrigados, e se no-
> meou para servir de Matriz huá Capella que se achava naquele
> sitio da Cotinguiba com a mesma invocação.[1]

Contudo, ainda se comentava, como se verá, a união conjugal dos príncipes portugueses com os de Espanha. Deste lado do Atlântico, os súditos brasileiros apressavam-se em remediar o pauperismo na economia provocado pela estagnação financeira vigente e a subtração de taxas para financiar as campanhas de guerra de Portugal. Além da captação de outro donativo que as colônias deveriam pagar depois da tragédia natural de 1755, parcialmente reportado.

O mencionado pároco, José de Souza, tentou dá celeridade ao estabelecer uma campanha de mobilização popular, sendo extensiva à realeza. Esse era o caminho para quem desejasse alcançar a caridade dos monarcas, intercedendo favoráveis ou não à causa de caráter coletiva ou individual vividas pelos colonos.

O esforço do padre abnegado José de Souza, se resumia ao anelo simplista, mas inadiável de construir o sonhado edifício principal da igreja em "Nossa Senhora do Socorro da Cotinguiba" (sic).

A única capela existente no lugar, - aí constituída como principal centro de convergência religioso -, era demasiadamente exígua, e já apresentava deteriorações na estrutura física. Em períodos festivos, por exemplo, não abrigava com conforto a grande quantidade de fiéis durante as celebrações das missas.

Em dias de novembro de 1764, o Arcebispo da Bahia, José Carvalho de Andrade, tinha sob sua responsabilidade o dever de transmitir ao rei de Portugal, Dom José I, o pedido datado de 12 de setembro de 1761, feito pelo "Pároco da Freguesia da Vila de Santo Antônio e Almas de Itabaiana", padre Francisco da Silva Lobo pleiteando daquele soberano que destinasse uma subvenção no valor de "um conto e seiscentos mil réis" para ser empregado no término da construção da igreja principal do lugar.

O dinheiro era suficiente para cobrir a obra, além de oportunizar a continuação das etapas que há muito tempo estavam estagnadas pela falta de recursos e o evidente estado de penúria dos paroquianos. Contudo, possibilitaria que o trabalho de edificação do referido templo fosse concluído satisfatoriamente.

As mais diversas pessoas vocacionadas no ramo da construção civil assim se pode dizer como pedreiros e carpinteiros, considerados ser "da melhor nota", tiveram o privilégio de, junto ao juiz ordinário de Itabaiana, para examinar orçamentos[2].

Paralisados, os serviços precisavam ser retomados para concluírem não só a "capela-mor", tanto quanto a "sacristia" e "casa da fabrica"[3] (sic) e, separadamente, levar a cabo a estruturação do corpo da igreja. Ao término das inspeções no terreno onde estava sendo erigido o prédio católico, o "tenente-coronel engenheiro Manoel Cardozo de Saldanha" confirmou que o valor orçado por ele coincidiu com o que foi avaliado pelos "mestres pedreiros e carpinteiros"[4].

Mas, um ligeiro lapso de avaliação na leitura da planta, deixava de contemplar no plano da obra o corpo da igreja, sendo essa falha solenemente condenada pelo referido engenheiro militar Manoel Cardozo de Saldanha, considerando que o projeto de edificação ficaria defeituoso e inacabável.

> Nesses termos entende o governo, que a esmola de Vossa Magestade deve compreender a obra do Corpo da Igreja, frontispício della, e as mais partes necessárias daquele edificio.[5]

Assim assinalou o Arcebispo da Bahia, José Carvalho de Andrade.

O rei Dom José se manifestou através do Conselho Ultramarino, em 6 de abril de 1766.

Um ano depois da morte do rei, e passadas duas décadas após o tremor de terra que assolou a capital do reino, atônitos com a contribuição "voluntária" para reedificar Lisboa, os sergipanos, ainda que humildes, se manifestaram reivindicando a isenção do tributo pago anualmente da quantia de "dois contos e oitocentos e vinte mil réis". O pedido foi subscrito pelos membros da câmara, por carta assinalada em 26 de abril de 1778, em São Cristóvão, ou conforme está grafado: "Cidade de Sergipe de El Rey", na época, ainda com os foros de "Comarca da Capitania da Bahia", expuseram requerendo o seguinte:

> A Vossa Magestade expõem os Officiaes da Camara da Cidade de Sergipe de El Rey Comarca da Capitania da Bahia, em carta de vinte e seis de Abril do presente anno: que singularizando-se o Povo da mesma Comarca entre os fieis vassallos Portuguezes nos obzequios a seus Soberanos Principes, concorreo em beneficio da Real Coroa, com hum subsidio de quatro contos de reis annuaes, que se pagarão desde os felecissimos despozorios do Augustissimo Senhor Rey Dom Joze, que Deos tem em santa Gloria, até o tempo da sua exaltação ao Trono, em que foi hum dos primeiros cuidados do seu admirável governo aliviados dessa imposição.
> Que sucedendo porém o fatal terramoto do anno de sincoenta, e sinco, se estabeleceo para o reparo de sua ruinas, outro subsidio, de dois contos, e oito centos, e vinte mil reis, que há mais de vinte annos se paga.[6]

Diga-se de passagem, que os brasileiros, no caso presente, os sergipanos engordavam os cofres da corte, destinando subsídios para as núpcias do rei Dom José I com a princesa da Espanha, Maria Anna Victoria, sacramentado o ritual em janeiro de 1729; e do príncipe das Astúrias com a infante Donna Maria, e só após a realização da cerimônia e à aclamação ao trono oficializada em 1750, aos 36 anos de idade, por deliberação do próprio Dom José, extinguira-se a obrigatoriedade que havia se arrastado por dilatados anos. Pelo menos se atenuou o pagamento do enxoval dos nubentes, como está relatado.

Sobre Dom José, a novidade do matrimônio lhe foi convenientemente anunciada e arranjada pelo pai, o rei Dom João V, ainda na fase pueril, aos 15 anos, mesmo sem ter alcançado idade mínima para casar-se, que no Brasil, no tempo atual, a faixa etária núbil é considerada a partir dos 16 anos, com anuência dos genitores, obviamente. Em casos excepcionais, o ato só é possível mediante suprimento judicial. No entanto, as despesas do enxoval foram, como foi visto, custeadas pelos súditos de todas as colônias, cumprindo o despacho régio de 6 de abril de 1727, desencadeando imenso desconforto, além de outros impactos existentes na economia, arbitrando somas consideradas muito altas, mesmo tributadas anualmente pelo tempo de 20 anos, quando cessaria as doações por ocasião de realizar-se o evento nupcial.

Em sua totalidade, para suprir o enxoval do casamento dos príncipes, segundo o que escreveu o Vice-Rei Conde de Athouguia a Diogo de Mendonça Corte Real, só na província da Bahia, deveria desfalcar a receita em "três milhões de cruzados"[7] dentro do prazo estipulado de duas décadas. Desse montante, a principal cidade daquele estado, arcaria com "dois milhões e duzentos mil cruzados", sendo que os oitocentos mil restantes foram subdivididos entre as demais circunscrições baianas.

Para tais hipóteses, precisaram-se reajustar preços e controlar minuciosamente, na ponta do lápis, o fluxo de importação de escravos, além de inflacionar outros produtos desde a carne bovina, a aguardente, o "barril de azeite do reino"[8], dentre outros artigos.

> e para haverem de tirar com mais suavidade dos povos, determinarão os gêneros, em que se havia de estabelecer o seu pagamento.[9]

Entretanto, na mencionada província, após reunião determinante para o remanejamento da tabela, três membros da câmara, os vereadores Pedro d´Albuquerque da Camara, Francisco Gomes de Abreu Lima Côrte Real, e o Procurador, Dr. Antonio Duarte Silva, tinham opinião divergente ao repasse dos três milhões, sugerindo que apenas metade do valor fosse pago, por entenderem a fragilidade "per capita" da população e notório nível de pobreza.

Eles condenaram irredutíveis os reajustes sobre a carne de boi, levando em conta sua natureza imprescindível ao sustento. Mas, tudo foi decidido pelo voto e, portanto, sumariamente desqualificado, o ponto de vista defendido pelos três cidadãos relutantes, quedou inerte perante a maioria inflexível às necessidades enfrentadas pelo povo no dia a dia.

Em 14 de maio de 1756, após circulação dos itens com os preços redefinidos e levados ao conhecimento das classes indistintas de contribuintes, faltava agora, ao Conde dos Arcos, articular a maneira menos grosseira de comunicar aos eclesiásticos que, a nova medida, não agregava prerrogativas ou isenções para os reverendíssimos sacerdotes, foi o que precisou ser dito, e sendo assim, convidando-os para uma reunião em sua casa, ponderou.

> cuidei só no modo, com que se havia de practicar a sua isenção, sem que por cauza della se franqueasse caminho para deixarem de pagar quellas pessoas, que por ninhum direito lhe he devido semelhante privilegio.[10]

Mas, havia privilégio, sim. Nesse mesmo encontro, ficou assegurado aos sacerdotes o direito de restituição, um jeito para disfarçar o recolhimento do tributo cabível.

Sem gerar mecanismos que atendessem ou regulassem sobre pedidos formais de isenções para as províncias com pequeno rendimento na economia, como Sergipe, por exemplo, que não foi poupada e nem podia se esquivar da tributação arbitrada por ordem régia relativa à contribuição imposta. Resultou por despender do erário público a ordem de 96.000$000. Desse valor, 4.800$rs compreenderia a quitação inicial relativa ao primeiro ano de doação apenas.

Naquela conjuntura, a atividade econômica mantida em Sergipe, celebrava relacionamento comercial muito estreito com a Bahia, e, portanto, achava-se atrelado aos ditames mercantilistas dela.

Diante da suscetível solicitação das autoridades sergipanas de isentar-se do compromisso, - diga-se, em São Cristóvão -, restou ao Conselho Ultramarino, em despacho do dia 7 de agosto de 1778, abrir vistas ao Procurador da Fazenda e este, em resposta, recomendou a remessa da carta à Rainha donna Maria I. E assim ocorreu em 11 de agosto do mesmo ano.

> para se fazer esta mesma recomendação, he necessário, que esta carta se ponha na Prezença Real de Vossa Magestade, para que se digne declarar, se hé do seu Real agrado, que ella se faça, ou se há por bem, que se defira a esta suplica, e se levante a dita contribuição, fasendose presente a Vossa Magestade o estabelecimento della, e das que paga o Estado do Brazil pelo mesmo motivo"[11]

Na escrita, a população sergipana apontou que, entre outras dificuldades, a luta pela manutenção diária, se queixava da visível carência considerada extrema, sobretudo, rogava veementemente pela exclusão da obrigatoriedade daquela contribuição.

Destacou também que, o aproveitamento da mão de obra escrava na lavoura não assegurava à fertilidade do solo, ou aumento na produção, consequentemente, a colheita que vivia em colapso coagulante, ficava inerte ante a morbidez da sorte sentida pelos sergipanos.

Passados nove anos, na vila de Santo Amaro das Brotas, os membros da câmara dos vereadores adotaram semelhante proposta, e na ementa assinalada em meados de janeiro de 1787, dirigiram-se à rainha Maria I, - cinco anos antes do afastamento dela após apresentar distúrbios mentais e comportamento exagerado fora do senso comum e o desvario obscurecia a razão natural dos sentidos. A iniciativa dos "santamarenses" reiterava o requerimento enviado pelos são-cristovenses pleiteando a mesma isenção, além do pedido para restauração do templo católico, a igreja matriz. Como se verá a seguir:

> O Juiz e mais officiaes da Câmara da Villa de Santo Amaro das Brotas da Comarca de Sergipe de El Rey vam por meyo desta aos pés de V. Mag.de Fidelissima a significarlhe o justo sentimento que como seus vassalos tem cauzado a morte do Serenissimo Rey o senhor D. Pedro nosso senhor que Deos o tenha em gloria por cuja alma nam seçaremos de rogar ao mesmo Senhor e pela vida e saúde de V. Magestade a quem o mesmo senhor quando por felizes e dilatados annos.[12]

Primeiro, as autoridades de Santo Amaro, nesse caso representada pelo escrivão da câmara, Antonio Joze de Aguiar (sic), Francisco Monis Telles (sic) na pasta de Juiz Ordinário, e os vereadores Vitorino Lourenço da Silva, que era o político mais jovem no cargo, José Francisco Passos e o experiente Vasco José Telles de Meneses, e do procurador Manoel Soares de Miranda. Além do sentimento de pesar, eles expressaram gratidão à rainha Maria I, pelo sanciono e criação da freguesia separando-se de "São Gonçalo do Pé do Banco", atual município de Siriri, a quem era eclesiasticamente subordinada e finalmente a suspensão dos donativos citados alhures.

Hábeis, os vereadores apelaram para o perfil extremamente religioso da rainha, uma característica marcante da personalidade dela. Oportunamente, solicitaram doação pecuniária de valor não declarado na carta do dia 31 de janeiro de 1787. O dinheiro, se arrecadado, - não foi possível confirmar o recebimento -, era para paramentar e reformar a igreja matriz.

> V. Mag.de como Raynha tam joia que no tempo do seu Reinado tanto se tem esmerado no culto dos Sagrados Templos, poderá remediar tanta indigência. Esta a esmola que pedimos p.a perfeiçam da dita capella de Santo Amaro q´ na presença de Deos não deixará de rogar p.a vida e saúde de V.Mag.de e pas do seu R.no assim como nos o juremos incessantem.te.[13]

Embora externassem tardiamente o pesar pelo falecimento do consorte da rainha donna Maria I, o rei D. Pedro III, - tio dela -, ocorrido um ano antes, 1786, no mesmo momento, considerando a carência dos moradores, findou por gerar um atraso de cinco anos sem que o imposto viesse a ser recolhido em Santo Amaro. Sobre essa situação, a vereança implorou que o retardo fosse perdoado. Por motivos óbvios, eles pediram exclusão dos impostos citados por não suportar os rendimentos da economia tão alto dispêndio; e em contrário, o terceiro e último pedido visava canalizar doação para a reforma da igreja como dantes referido.

<u>Capítulo 4</u>

Bahia e Alagoas entram em porfia
por Brejo Grande, em Sergipe

Não confirmamos exatamente quando o impasse começou, mas como alguns episódios ambientaram discussões sobre os "dízimos" cobrados - sem considerar outros critérios jurisdicionais -, em Brejo Grande pelas autoridades alagoanas e pernambucanas e, posteriormente reclamadas pela Bahia. Frise-se, que nessa época, Pernambuco ostentava o status de capitania abrangendo em sua jurisdição, além dos atuais estados da Paraíba, Rio Grande do Norte e Ceará, estendia-se até Alagoas, e foi justamente nesse ponto, necessariamente em Penedo, onde teoricamente teve princípio toda a discórdia.

A localização da Ilha de "Paraúna" também conhecida por Brejo Grande fica no sentido extremo norte do Estado de Sergipe, próximo ao município de Neópolis, antiga Vila Nova a que juridicamente achava-se atrelado, e banhado pelas águas do legendário Rio São Francisco. De acordo com os documentos, por avizinhar-se de Penedo, do outro lado do referido rio, já havia atraído para si o interesse da autoridade alagoana, que se reservou no direito de empenhar-se no recolhimento dos impostos daquele lugar. Não foi bem assim.

Eventualmente, uma das evidências e que passamos a enfocar, data do dia 27 de janeiro de 1756, desenrolando-se, chegou a uma aparente conclusão na véspera do natal, 24 de dezembro do mesmo ano. Era peticionante, o "contratador dos dízimos da Bahia" e dos distritos a ela anexados, por tudo, figurando como reclamante, o senhor José Machado Pinto, arvorado por contundentes razões, e apresentando um "extrato", talvez cartográfico, que juntou ao seu requerimento, revelando a inserção de Brejo Grande dentro dos limites geográficos de Sergipe, fazendo-se representar ao monarca dom José I.

> He certo que a Demarcação do Territorio de Vila Nova se acha justissimamente feita e comprehendendo nella a sobre dita Ilha Parauna, por estar dentro no continente della e ficou sendo do

> termo daquella, e da Commarca de Sergipe de El Rey, e por essa razão competindo o Dizimo dos frutos da dita Ilha ao suplicante, por estar anexa a Capitania da Bahya.[1]

De posse do almejado "extrato", contendo as descrições essenciais de que necessitava José Machado Pinto sem indicar soslaio, empreendeu cuidadosas diligências objetivando reforçar inteligivelmente suas alegações, acostando aos documentos que já possuía as indispensáveis certidões fornecidas pelos dirigentes de "Vila Nova". Com essas providências, ele considerou ter constituído indubitável elemento comprobatório, utilizado como prova material para revogar as constantes cobranças, sem base legal, que fizeram as autoridades de Penedo aos moradores do município de Brejo Grande.

É interessante observar, recordando sempre que a província de Alagoas, no período em apreciação, estava em condição administrativa diretamente subordinada à capitania pernambucana. Por isso, nessa circunstância, houve forte objeção originada por influentes membros da câmara de Penedo, fazendo com que o capitão-mor da respectiva vila, também manifestasse oposição. E, estando todos insatisfeitos, exigiram do governador de Pernambuco, excelentíssimo senhor Luis Joze Correa de Sa (sic), que conduzisse suas queixas contra o governante da Bahia, denunciando que a justiça de Vila Nova, em Sergipe, excedeu-se na inadmissível prática de esbulho.

A ocorrência requereu posições firmes e argumentos mais contundentes, por assim dizer, de ambos os contendedores. O problema só chegaria a um entendimento, sem maiores embaraços, mediante parecer decisivo da realeza.

Sem produzir o resultado pretendido pelos requeridos, no caso em análise, a autoridade de Pernambuco que, replicando sobre a reivindicação do cobrador de tributos da Bahia, função exercida pelo cidadão José Machado Pinto, já citado, não apresentou prova convincente e capaz de influenciar os membros do Conselho Ultramarino em proceder-se desfavoravelmente ao pedido de anexação da "Ilha de Paraúna ou Brejo Grande" (sic) às jurisdições da capitania da Bahia ora na condição de apelante.

De Lisboa, em primeiro de março 1756, o "Desembargador da Relação do Porto" e considerado o mais importante cronista geral de todas as províncias da coroa portuguesa, doutor em direito civil, Ignacio Barboza Machado (sic), por sua vez, examinando que, na oitiva do peticionante de Pernambuco, constatou não ter apresentado subsídio suficiente que comprovasse a influência da referida capitania sobre o território de Brejo Grande. Segundo ele, o polo requerido, apenas limitou-se, e notadamente frívolo em opor-se verbalmente contra as evidências documentais acostadas pelo requerente. Escreveu ele:

> os dízimos que se pagão daquelle brejo, ou ilha nunca podem ser pertencentes a Pernambuco, mas sim a Sergipe; e por consequencia pertencentes ao Contratador da Bahia. Sendo ouvido o rematante dos que tocão a Pernambuco, como não provou o domínio que tinha esta Capitania sobre o mencionado brejo, e só trabalhou em argumentar contra os documentos juntos.[2]

No final, como se estivesse prolatando uma sentença, simplesmente opinou:

> sou de parecer, que Vossa Magestade ordene que os dízimos do brejo, ou Ilha da Parauna os cobre o supplicante não obstante a posse, ou abuzo com que os percebia o Contratador de Pernambuco. (...) Vossa Magestade sempre mandará o que for mais justo em beneficio de seus vassalos.[3]

Abriremos aspas dentro desse tema para introduzir breve reflexão sobre o magistrado Ignacio Barboza Machado, e em seguida, concluímos o embate que o caso inspirou. É do conhecimento geral que o referido jurisconsulto e "ministro do Tribunal da Legacia", tem sua origem encravada na cidade de Lisboa, nascido no dia 23 de novembro de 1686, onde também faleceu aos 90 anos de idade, em 28 de março de 1776. Filho de João Barbosa Machado e da senhora Catarina Barbosa.

Ignacio Barboza Machado cursou Filosofia, indo depois bacharelar-se em Direito pela Universidade de Coimbra, no ano de 1716, com 30 anos. Em 1719, cumprindo determinação régia, do dia 6 de junho do aludido ano, escreveu e ofereceu ao rei dom João V, a obra intitulada: "História Crítico-cronológica da Eucaristia...".

Por decreto do dia 3 de julho de 1748, sancionado pelo mencionado monarca, Ignacio Barboza Machado, foi nomeado desembargador da Relação do Porto, aos 62 anos. Viúvo de dona Mariana de Meneses e Aragão dedicou-se ao sacerdócio a partir de dezembro de 1734. Fecham-se aspas.

Ainda na cidade global de Lisboa, em manifesto do dia 24 de dezembro de 1756, sob a pena soberba de Antonio Roiz d'Cas (sic), cabendo a ele semelhante ponderação sobre o impasse envolvendo as duas capitanias litigantes, ofereceu opinião inversa à que foi emitida pelo Desembargador Ignacio Barboza Machado.

Roiz d'Cas foi incisivo quando desqualificou as cópias anexas ao pedido dos recorrentes, em seu entendimento, no instrumento postulatório, não restou, como se esperou, esclarecida à inserção de Brejo Grande dentro da abrangência territorial sergipana, ora na constância administrativa da Bahia, por isso, considerou-as irrelevantes à legitimidade que o caso recomendava, por se tratar, como proferiu nas razões que alude a sua defesa, disposta a seguir:

> Na creação da Vila Nova que vem copiada na certidão a fls 25 a que senão pode dar credito por ser traslado de traslado, não se mostra, nem consta, que a Ilha Parauna ou Brejo Grande esteja incluída na demarcação daquela villa.[4]

Apesar do insucesso de sua peça recursal, quedando inerte frente ao despacho régio, Antonio Roiz d'Cas lembrou com impecável devoção ao preito sob o seu patrocínio defensório, que por dilatados anos, jamais se registrou a atuação, ou a mera presença física do "contratador dos dízimos da Bahia" na mencionada localidade. Como se percebe em seu discurso, essa tarefa foi empreendida com exclusividade pela parte recorrida. Na lide, estabelecida por alegações difusas e bilaterais, tendo em vista o exame dos autos, ele também destacou o descrédito dos depoentes apresentados pela Bahia.

Razoavelmente prolixo, o pronunciamento do hábil demandado, vai além, demonstrando a tentativa de envolver por induzimento ao requerente em concordar que, nem mesmo os antecessores de José Machado Pinto, se desdobraram em efetuar a cobrança dos dízimos da referida ilha. No mesmo momento, coube justificar, em virtude da perda iminente, suscitando a hipótese de os recorridos, nesse caso, as autoridades de Penedo, fossem ressarcidos em razão de reparar o dano arbitrado por injunção real, ao interromper a regular capitação dos impostos conferidos à referida vila, em Alagoas, e cujos rendimentos eram recolhidos aos cofres da "Real Fazenda", esta por sua ordem, jamais deixou de receber a parte que lhe era destinada.

> Estas são as razoins, que me ocorrem para impugnar o requerimento do suplicante, que exponho a V.M. para as por na prezença de sua Magestade animados com a eficácia da sua erudita persuasão com a qual deixará o mesmo senhor sem capacitarce da boa justiça que me aciste e desprezar o requerimento do suplicante por incivil, e oposto as rezoluçoins de direito e a boa fé, e socego que se deve fazer goardar nos contratos, por se evitarem distúrbios, e contendas.[5]

Aflorado por rigoroso princípio, Roiz d'Cas também criticou a atitude interesseira do dizimeiro da Bahia como reflexo do mais concreto gesto de ambição.

Durante o tempo que o embate se processou, é de grande importância fazer menção - antes mesmo de o episódio deflagrar-se com mais intensidade --, houve a confirmação do encargo encabeçado pelo ouvidor da Comarca de Sergipe, o bacharel Cypriano Joze da Rocha (sic), sobre o cumprimento da ordem do ano de 1732, expedida por Dom José, para criar Vila Nova, e no ensejo realizar demarcações no território por onde deveria se estender e, de tal efeito, incorreu em incorporar-lhe a respectiva Ilha de Paraúna, objeto dessa exposição.

Vendo por esse prisma, tudo parece concluir que, na provisão datada de 9 de fevereiro de 1758, cumprindo a determinação do mesmo monarca, Dom José e esse, em observância ao parecer emitido pelos membros do Conselho Ultramarino, declarando-se unânimes julgando procedentes os queixumes das autoridades de Pernambuco e Alagoas, dando-lhes a causa favorável. Conforme se verá adiante parcialmente transcrito.

> D. José por graça de Deos, Rey de Portugal e dos Algarves,
> d´aquem, e d´além em Africa, senhor de Guiné, etc. Faço saber
> a vós Governador e Capitão General da Capitania de Pernam-
> buco, que os Officiaes da Camara da villa do Penêdo me derão
> conta, em carta de 5 de Abril de 1755, de que estando aquella
> Camara na posse imemorável, desde a sua criação, de reger e
> administrar um lugar chamado a ilha da Paraúna do Brejo Grande
> (...) me pedirão os mandasse conservar na posse, em que esta-
> vão da dita ilha Paraúna, e todas, as mais ilhas adjacentes, cujos
> dízimos nunca forão devidos á jurisdição da Bahia, e só á de Per-
> nambuco por serem todos áquelles moradores parochianos da
> matriz da villa do Penêdo (...) E sendo por tudo visto (...) fica mais
> que manifesta a injusta pretenção do contractador dos Dizimo da
> Bahia.[6]

Em outras referências, existem descrições sobre a acessibilidade sem acar-
retar esforços de ordem que exigisse, por exemplo, utilizar-se de embarcações não
importando a capacidade para passageiros. Da parte sergipana, isso era facilmente
dispensável. Já da outra margem do rio, em Penedo, quem quisesse tratar de negócios na ilha, teria que fazer a travessia em barcos. Como se acha patente no
discurso forense do Desembargador Ignacio Barboza Machado:

> A dita Ilha não dista de Vila Nova mais que huma restinga que as
> emchentes fizerão do Ryo de S. Francisco, de sorte que não ha-
> vendo as ditas emchentes, se passa dela para a vila e desta para
> ella a vãu de que nasçeo dar se lhe também a denominação de
> Brejo grande (...) para os moradores da Vila do Pennedo virem
> aquella Ilha fazem navegação por fora do canal do Ryo de S.
> Francisco por cauza da sua cotidiana correnteza ficando também
> mayor a distançia que da dita Ilha se dá a Vila do Pennedo, do
> que a Vila nova.[7]

Do lado referente à província de Alagoas, em Penedo, especificamente, conforme ressaltado pelo "Desembargador da Relação do Porto", - já aludido nesse
tema -, as pessoas mais distintas daquela sociedade expressaram-se livres e con-
dizentes com o plano e os pontos demarcados, colocado em execução pelo referido
ouvidor, doutor Cypriano Joze da Rocha.

Meio século depois, exatos cinquenta e seis anos, de 1756 a 1812, a Ilha de
Paraúna ou Brejo Grande, foi definitivamente incorporada ao termo de Vila Nova,
atual cidade de Neópolis, consolidado pelo Decreto do dia 9 de junho de 1812, pron-

tamente precedido pelo parecer do "Conde dos Arcos, Governador e Capitão General da Capitania da Bahia", e por fim, assinado na antiga Capital Federal por
anuência do governo imperial, e "Aviso de 1832" resolvendo conclusivamente sobre
a questão. Apesar dos constantes protestos da província de Alagoas. Restituir-se
da guerreada ilha se tornou ato improvável.

Nesse meio tempo de ebulição, a província de Alagoas beneficiara-se com
os foros de capitania por alvará exarado no dia 16 de setembro de 1817[8], no mesmo
momento em que Sebastião Francisco de Mello tinha sido nomeado governador.

Em 1865, o tema ganhou espaço e foi abordado na dissertação do doutor
Cincinnato Pinto da Silva, destacando o seguinte:

> A ilha de que se trata, havendo se tornado terra firme, ficou na
> margem direita do rio S. Francisco, divisa natural desta Provincia:
> dista de Villa-Nova apenas trez legoas, e do Penêdo seis, com
> dependência de atravessar o caudaloso rio, já citado. (...) A ilha
> Parauna deve pertencer, tanto pelo lado civil, como pelo religi-
> oso, à Provincia de Sergipe; a própria natureza o indica e o bem
> publico assim aconselha.[9]

A resolução de 9 de junho de 1812 contrariou as expectativas dos representantes da câmara municipal de Penedo que, 20 anos mais tarde, mesmo com o
aviso de 1832, ofertaram oposição ao despacho, requerendo insistentemente a reintegração de posse, em favor da Província de Alagoas.

Pelo que sabemos, antes do término do ano de 1850, até os primeiros momentos de 1851, contumazes, as autoridades de Alagoas, ainda tentaram um desfecho que lhes fosse favorável, persuadindo com largo argumento os deputados
sergipanos. Consta que desses esforços, eles nada obtiveram.

Capítulo 5

Dr. Pedro Autran da Matta em Laranjeiras

> A linda e interessante cidade de Larangeiras, que se embala nos dourados sonhos de um futuro cheio de esperanças, futuro que promette sua animadora vida commercial, que tanto a faz florecer, ha nove mezes para cá, muito soffre em seu estado sanitario.[1]

De início, as frases que abre este tema possuem conotações lítero-poética, agradável à leitura e que instiga o senso de curiosidade, no entanto, levando-se em consideração o trecho final, como se vê pouco acima, chama a atenção para as razões - que observaremos mais adiante -, que levaram o Dr. Pedro Autran da Matta Albuquerque Junior, parte que integra a epígrafe e signatário do relatório referindo-se às condições sanitárias da cidade de Laranjeiras, no período entre outubro de 1855 até 10 de junho de 1856, quando assinou sua exposição e de onde extraímos parcialmente o texto que preambula sua peça dissertativa.

Cenas contristadoras foi o que ele encontrou ao chegar. Um ambiente desolado e mórbido, dominado pela superstição. Havia centenas de cidadãos laranjeirenses sucumbindo sob o efeito letal da infecciosa cólera-morbo e da não menos nociva varíola. Um pouco mais de quatro mil pessoas morreram vitimadas pelo vibrião colérico, como se acha patente no tratado do referido médico.

Uma das providências do dia 26 de outubro de 1855, tomada em caráter emergencial pelo Barão de Maruim, antecessor do doutor Salvador Correia de Sá e Benevides, foi estabelecer um contrato com o senhor Lourenço José de Barros, para encontrar local apropriado, um terreno que servisse como cemitério exclusivamente destinado ao sepulcro dos acometidos por cólera.

Para que não haja dúvida ou má interpretação dos fatos expostos até aqui, incluímos parcialmente importante ponderação do Dr. Pedro Autran, por ela ser clara, sem omissão ou receio. Assim escreveu:

> Em 24 de Outubro do anno passado o flagello d'esse monstro nascido nas aguas do Ganges, e que se erguêo com a mortalha em uma mão, e empunhando na outra a fouce da morte, encarando a humanidade como seu mais encarniçado inimigo, e fazendo sua marcha sobre montões de cadáveres – o cholera morbus escolheu a cidade de Larangeiras para cobril-a com o sudário, e sepultal-a n´um tumulo. Dous mezes de terror, desespero, pranto, e luto passou esta risonha cidade d'outr'ora; tudo parecia n'ella aniquilar-se (...) o numero de victimas sepultadas nos cemitérios d'esta cidade sóbe a mais de quatro mil pessoas.[2]

Quanto à tarefa do doutor Pedro Autran em Laranjeiras, especialmente designado por ato de 30 de abril de 1856, pelo presidente da província, excelentíssimo doutor Salvador Correia de Sá e Benevides, para a campanha de vacinação contra a epidemia de varíola, a popular "bexiga", que se alojou no seio dos moradores daquela localidade, encravada próxima ao esteiro do rio Cotinguiba.

Já in loco, constatou-se apesar de árdua atribuição, mas pouco fecunda na campanha de imunização aplicando o "pus vacínico", posta em andamento pelos doutores Francisco Alberto de Bragança e José Candido de Faria. Ambos trabalhavam para socorrerem os enfermos e ainda travavam uma luta excessiva para efetivar a prevenção dos que ainda não tinham contraído a doença, todavia, para eles, vencer as barreiras do preconceito e descaracterizar as superstições que consumiam a crença dos moradores de Laranjeiras, também se converteu em poderoso oponente a ser batido.

Segundo o doutor Pedro Autran, referindo-se aos colegas de Medicina, em específico ao doutor Alberto de Bragança, que dentre os infortúnios observados por ele, comentou sobre a tentativa de buscar interação com o padre local, solicitando durante as celebrações das missas realizadas aos sábados e domingos que os fiéis fossem informados sobre o serviço de vacinação oferecido gratuitamente às classes menos assistidas. Nesse caso, o dedicado médico filantropo, utilizava a própria residência como posto de atendimento. Sabiamente, precavera-se o doutor Bragança, em primeiro imunizar a própria família.

Em 4 de novembro de 1855, a notícia sobre a morte do médico José Candido de Faria, já mencionado, causou consternação ao governo sergipano, talvez vitimado por um dos males: cólera ou pela varíola, - já que ambas assolaram o lugar quase simultaneamente. Justo numa fase em que morriam diariamente em Laranjeiras 70, 80 e até mais de 100 pessoas[3].

Cogitou-se na época, para substabelecê-lo no cumprimento do dever, o médico italiano Pio Aducci, mas ele, a princípio recusou, preferindo primeiro dedicar-se à população de Maruim e, só depois, cuidar da saúde dos laranjeirenses. Veja a seguir, os detalhes da situação dantesca – não há nenhum tipo de alusão à obra universal do poeta florentino Dante Alighieri, em "A Divina Comédia – Inferno" -, que se abateu sobre a sofrível cidade, fugazmente reportada pelo Barão de Maruim, enquanto presidente da província. Eis:

> os cadáveres ião ficando insepultos, fiz sentir que naquella data fazia marchar 10 praças de policia para com as que já ali se achavão empregarem-se no serviço dos enterramentos, e que quando não bastassem convidasse por preço animador a quem quizesse coadjuvar semelhante serviço, e si não obstante fosse tal o numero de cadáveres que se não podesse vencer em dia a sepultura dos mesmos, mandasse em tal caso ensineral-os para que de sua putrefação e decomposição não resultasse um mal maior, desenvolvendo-se além do cholera, o typho, talvez mais pernicioso.[4]

Na ocasião, como já expusemos, circulou largamente em Laranjeiras, a falsa informação que afetou diretamente sobre a ineficácia da vacina. Pior era a sustentação imperiosa de que, em lugar de combater a varíola o vírus da doença estava sendo inoculada em pessoas sadias durante a campanha encabeçada dignamente pelo doutor Bragança e reforçada com o empenho do médico Pedro Autran da Matta Albuquerque Junior.

Diante do quadro epidêmico, era difícil discordar que o microrganismo causador da varíola, há muito se achava incubado e, portanto, impregnado o ar que se respirou naquela época, conforme justificou o doutor Pedro Autran:

> é devida a um vírus que se desenvolve e multiplica conforme os elementos, que encontra na atmosphera (...) a varíola podia ser contrahida mesmo depois da vacinação, porque a vaccina não era preservativa, sem que sua acção fosse ressentida pelo corpo, e que era útil tirar o vaccinado do foco de infecção, até que se manifestassem seus efeitos.[5]

Eis, aí, a infeliz coincidência na constatação de alguns cidadãos após receber a vacina ter desenvolvido a patologia. Um prato cheio que atiçou os supersticiosos sobre o que defendiam.

Os esforços empreendidos pelo doutor Bragança para adquirir e a um só tempo ter em estoque o "pus vacínico" (sic), - antídoto para frear o avanço da doença -, foi trazido da vizinha província baiana, mas não foram suficientemente recompensados, haja vista o irrisório número de pessoas imunizadas.

Consoante com o que declarou o Dr. Pedro Autran, apenas um pequeno grupo de quatro mulheres, no dia 16 de fevereiro de 1856, buscou o tratamento através da vacinação, no entanto, dentre elas, algumas desenvolveram a doença. Supunha, o referido médico, em face do ar já irremediavelmente contaminado tenha sido o fator principal que resultou em contágio. Apesar disso, animadas, outras pessoas reconhecendo o benefício oferecido pelo médico filantropo, Dr. Bragança, concordaram receber a vacina.

Em 7 de março, 44 pessoas foram vacinadas e, no dia seguinte, mais 41. Sendo que entre os dias 9 e 10 e, daí para adiante, houve considerável redução na procura pelo tratamento. Ainda assim, os boatos de que o "pus vacínico" estava relacionado às causas de contágio, continuavam assustando as pessoas que resistiram aos apelos bem intencionados do Dr. Francisco Alberto de Bragança.

Num total, 350 pessoas foram submetidas à vacinação, dentre elas 150 receberam tratamento direto ministrado pelo doutor Francisco Alberto de Bragança, enquanto que as outras 200 arriscaram suas vidas nas mãos de curiosos. Sobre isso, comentou o doutor Autran.

> muitas pessoas vaccinavão sem arte, nem sciencia, inoculando
> em pus destituído das qualidades precisas, sem ter em conta a
> marcha, o caracter da pústula, se verdadeira ou falsa.[6]

Na avaliação do doutor Pedro Autran, a respeito do que registrou em seu relatório descritivo sobre a cidade de Laranjeiras, não trouxe lisonjeio ou encanto. Segundo ele, a causa primária de higienização, na época, frise-se, era sumariamente desfavorável, pelas razões que considerou indispensáveis ao seu comentário.

Oportunamente, também observou que, vencida a guerra contra a cólera morbos, outra patologia conhecida como "câmaras de sangue" ou "diarreia hemorrágica", surgiu em Laranjeiras entre os meses de janeiro a março de 1856, sendo que durante o mês de fevereiro a doença fundira-se à varíola, juntas arrastou muitas almas para o túmulo.

Escravos, ou africanos como preferiu destacar, representavam o maior número de acometidos pelas "câmaras de sangue". Não foi possível para o doutor Autran, pela falta de documentação, equacionar, mesmo incerto, o número de pessoas mortas infectadas por "diarreia hemorrágica". Com o fim dela, somente a varíola continuou arruinando a vida daquela população.

O lugar apresentava grande deficiência para o escoamento hídrico durante a estação da chuva, por ausência de "declives" dos terrenos, situação que se agravava quando o nível do rio Cotinguiba transbordava suas águas invadindo os espaços menos elevados e, todo volume encharcava as ruas desfavorecida pelo terreno lamacento composto de massapê. Ainda na anotação do doutor Pedro Autran, dirigindo-se à referida cidade, sublinhamos o trecho que segue:

> suas ruas são pouco asseiadas, e a atmosfera do inverno é sobre
> maneira húmida por se achar carregada de muitas partículas
> aquosas provenientes já por causa dos vapores que ao amanhe-
> cer emanão do rio.[7]

Com o acúmulo do lixo inorgânico e de outras espécies de matéria dispensável, mas altamente perecível, o descarte indiscriminado fez com que produzisse chorumes e exalação miasmática de efeito nocivo à saúde. Na visão do doutor Autran, que considerou "o ar que gira em Larangeiras é todo impuro"[8], decorrente desse conjunto de fatores e gênero de agentes infectocontagiosos.

Sem terrenos definidos para sepultar os mortos, - principalmente os vitimados por doenças mais graves -, quando em face dos surtos inesperados de doenças infectocontagiosas como a cólera, varíola "diarreia hemorrágica", entre outras, de similar efeito letal, obrigou que o governo sergipano estabelecesse maior celeridade à Resolução de número 500, aprovada em 28 de maio de 1858[9], disponibilizando por força desse mesmo despacho, uma verba de trinta contos de réis, para viabilizar a edificação de um cemitério na capital Aracaju e nas principais cidades da província.

Na passagem do governo do doutor José Pereira da Silva Moraes, presença ilustre durante a solenidade de inauguração do "Hospital de Caridade da cidade Laranjeiras", ato ocorrido em 29 de abril de 1866[10], dia glorioso para a sociedade laranjeirense consagrando um passo importante para a saúde pública, considerando o enleio com as doenças e epidemias outrora reinantes.

Os trabalhos realizados naquele estabelecimento corriam sob a administração da "Irmandade da Santa Casa de Misericórdia" com sede no local, e cuja sobrevivência era afiançada através de doações e auxílio pecuniário anual correspondente a "um conto de réis" oferecido pelo gestor provincial. Mas, diferente do proposto, a direção do hospital só recolhia metade desse valor.

Desde a instalação, como se viu, verificou-se em 29 de abril de 1866, até o dia 30 de novembro do mesmo ano, de funcionamento, foram atendidos e internados no hospital, 39 enfermos, classificados em dois grupos: 19 eram do sexo masculino e 20 do feminino. Quatorze dessas pessoas restabeleceu-se, mas seis delas vieram a óbito. Ainda entre elas, registraram-se casos de doentes que deixaram o hospital sem ter recebido alta; outros em que o paciente necessitasse de tratamento médico incisivo mais delicado e por suspeição alguns enfermos se recusaram a ser submetidos a esses procedimentos.

Capítulo 6

Colóquio dos presidentes da província

Nada há de novo. As impressões registradas nos relatórios pelos presidentes da província sergipana cumpriram as determinações estabelecidas pelo aviso circular do Ministério do Império, do dia 11 de março de 1848, recomendando, sobretudo, a elaboração detalhada dos trabalhos desenvolvidos durante a administração pública. Além da prestação especificada das contas e, principalmente, das informações contemplando o momento em que assumiu a direção do governo até o término da gestão. Tratando de assuntos os mais diversos, considerados relevantes para o interesse político e populacional, oferecendo ao sucessor o panorama geral dos atos e resoluções praticados por cada gestor. Visto também na mesma ordem, pelo prisma do Ato Adicional, prevê no artigo 6°, que os dirigentes da província deveriam se fazer presente na instalação da Assembleia Legislativa Provincial na primeira sessão solene.

Essas experiências vividas em caráter interno e externo, projetadas além dos pórticos do palácio do governo, - foram estudadas com grande proveito pela casta sociedade de intelectuais e acadêmicos. Os dados coletados e registrados nos respectivos relatórios, convertidos em verdadeiros relicários verificados nos testemunhos das figuras mais sobressalentes do quadro administrativo de Sergipe.

É de se frisar que, boa parte desses discursos foi preparada e impressos, por exemplo, em tipografias, algumas delas custeadas pelo governo. Do ponto de vista parcial, listamos as empresas que prestaram esses serviços. São elas: "Typografia do Jornal do Aracaju, na Rua de São Salvador" e depois se mudou para a "Rua da Conceição"; a "Typographia Provincial de Sergipe, no Largo do Palácio – Administrador, J. J. da Silva Braga", destinada para dar publicidade dos atos do governo; "Typographia do Jornal de Sergipe, na Rua d´Aurora", atual Rua Ivo do Prado, também conhecida em nossos dias como rua da frente; além da "Typographia de Carlos Poggetti, na Rua do Corpo Santo, 47", na Bahia, dentre outras. O que grandemente favoreceu esta modesta exposição.

Num ponto privilegiado da citada "Rua da Frente", sobressai-se a decantada Ponte do Imperador construída com o fino propósito de recepcionar a família imperial quando excursionou esse lado do Nordeste. O monumento está debruçado sobre o leito caudaloso do rio Sergipe. A escritora Ana Maria Fonseca Medina, inspirada em sua arquitetura escreveu a magnífica obra "PONTE DO IMPERADOR", contendo detalhes que abordam o projeto de construção, os primeiros aspectos, e o que há de mais relevante desde a ideia inicial. A leitura do mencionado livro foi precedida por simpáticas e veementes recomendações. As constatações resultaram verossímeis.

São incontáveis - e não importa o alcance -, os episódios que transformaram esse pequeno Davi no colossal Golias. Grande por suas histórias, mas notadamente exíguo nos confinamentos limítrofes. Esse tema, por exemplo, - referente aos limites que dividem os estados sergipano e baiano -, se converteu em importante capítulo de discussão sobre a linha fronteiriça porfiada entre Sergipe e Bahia, que transcende até o ato emancipatório de 1820.

Segundo os relatos do eminente estadista, doutor Cincinnato Pinto da Silva, escolhido por carta imperial de 20 de abril de 1864, assumindo a administração pública em 21 de junho do mesmo ano. É ele o mensageiro do rito que se celebrou com as núpcias da Princesa Isabel com o conde d'Eu, ocorrido no dia 15 de outubro do citado ano, e no mês de dezembro, revigorava-se o entusiasmo no império brasileiro com outro casamento, o de dona Leopoldina, esposando-se ao Duque de Saxe. Dito por ele, o referido presidente, Cincinnato, que os sergipanos mostraramse notadamente felizes e orgulhosos com a união dos nubentes e, espontâneos revestidos de contagiante alegria. Escreveu ele:

> na grandeza de sua historia, a Provincia de Sergipe não deixou passar, sem exprimir um voto sincero do coração, tão auspicioso acontecimento: não. Entre as flores que dignaram-se receber as Serenissimas Filhas do Sr. D. Pedro 2° e que, para todo sempre, Lhes avivarão n´alma lembranças queridas de um tempo feliz, figuraram as que as Senhoras Sergipenses tam espontaneamente Lhes offertaram, e a que deram SS. AA. tanto apreço.[1]

Em sua explanação, inerente aos "limites da província de Sergipe", - inesgotáveis são as argumentações -, convida-nos, em breves considerações, a recuos quando se refere ao longínquo ano de 1696, fim do século XVII, na fase em que o território sergipano ainda achava-se incorporado aos domínios da Bahia, para depois avançarmos um pouco mais na cronologia. Por doação, como salientou escrevendo:

> que o Snr. D. João 3.º fez á Francisco Pereira Coitinho de 50 legoas de costa, comprehendidas entre a Bahia de todos os Santos e o rio de S. Francisco. Assim permaneceu, até que em 1838 foi desmembrado por um grupo de bandidos, que se declararam independentes do Governo da Bahia, e constituiram-se n'uma especie de Republica, cujo territorio presume-se ter tido por limites o rio–Itapicurú.[2]

A partir desse ano de 1696, ainda segundo ele, nosso narrador do pretérito, idos do século XIX. El-Rei D. Pedro II dividiu o Estado da Bahia enquanto capitania em duas comarcas, "sendo uma d'ellas a de Sergipe"[3]. Destacou o doutor Cincinnato, acrescendo que em 1711 a capitania baiana experimentou outra demarcação, doutrinada pelo alvará de 23 de setembro de 1709. Sendo, então, estabelecida por cinco comarcas, entre estas estavam listadas: "Bahia, Ilhéus, Porto Seguro, Jacobina" e por último, "Sergipe"[4]. No entanto, mesmo com as novas sedes transformadas em comarcas, não se configurou em ato o alargamento que favorecesse ao território baiano, conforme se deteve a observar.

> nenhuma alteração sofreu, visto como as novas comarcas foram formadas dos espaços vastissimos que a Capitania tinha.[5]

Quando mencionou que, por decisão de D. João VI, - antes de a família imperial singrar o atlântico e outra vez enfrentar os desafios do mar, no incerto regresso para Portugal -; a comarca de Sergipe foi elevada à condição de província, evento ocorrido por decreto de 8 de julho de 1820, como é cediço. E no ano seguinte, 1821, - sem que o regente sequer, tivesse partido -, por deliberação do dia 10 de fevereiro, presidida por uma junta provisória, que obteve aquiescência da

Corte de Portugal, Sergipe foi reanexado à dominação baiana; e outra vez, em outubro de 1824, retomou sua categoria de província.

Os tópicos observados e grifados por ele permitiram a análise da seguinte conclusão, - visto a seguir -, considerada e defendida pelo doutor Cincinnato Pinto da Silva, que esclarece à luz do seu entendimento:

> portanto, que em todas alterações por que tem passado a Bahia e Sergipe, desde o anno de 1534 até 1824, e d`ahi até hoje, nenhuma alteração houve nas linhas divisórias de 1696, linhas que não é possível especificar por que nem nas collecções de Leis, nem nos Archivos da Secretaria do Governo e no da Camara Municipal da Cidade de São Christovão existe o Alvará, Carta ou Decreto do Snr. D. Pedro 2º, elevando Sergipe á categoria de Comarca.[6]

Frise-se, "Dom Pedro 2º de Portugal (1648-1706)" a que o extrato acima se refere não se trata do imperador do Brasil, Pedro II, nascido no Rio de Janeiro, a 2 de dezembro de 1825, e vindo a falecer em Paris, em 5 de dezembro de 1891, dois anos após a Proclamação da República, quando foi destituído do trono e a monarquia ruiu.

A teoria destacada pouco acima foi subsidiada como instrumento de comprovação, nas páginas 645 a 648 lidas na consulta que fez patente à obra rara e monumental do célebre historiador e dicionarista J. C. R. Milliet de Saint-Adolphe - "Dicionário Geográfico, Histórico e Descritivo do Império do Brasil", cujo conteúdo foi integralmente traduzido para a nossa língua pátria em 1845, pelo médico baiano, Dr. Caetano Lopes de Moura (1780-1860), e dedicada ao monarca brasileiro Dom Pedro II. Só a partir desses levantamentos, pode assegurar assinalando:

> Na falta de documentos comprobatórios, cumpre consultar a opinião scientifica dos que mais fé mereçam. O Snr. S. Adolphe em seu dicionário geográfico, descriptivo e histórico do Imperio do Brazil.[7]

Doutor Cincinnato Pinto da Silva quis juntar aos seus argumentos as provas que oferecessem mais segurança diante de uma eventual refutação, consignadas pela sabedoria colhida nas páginas esclarecedoras do referido dicionário, e, é claro, do que escreveu o senador Thomaz Pompeo de Souza Brazil num de seus tratados de pendor histórico com vigência na leitura geográfica nacional. Segundo o doutor Cincinnato, que também acrescentou ao seu discurso as referências encontradas numa das obras escritas pelo senador Pompeu, que diz:

> A Provincia de Sergipe limita-se ao N. com Alagoas pelo rio S. Francisco e ao O e S. com a Bahia pelos rios Xingó e Rio Real – '. Fica, portanto, demonstrado com dados mui competentes quaes sejam os limites da Provincia de Sergipe com aquellas que lhe ficam visinhas.[8]

Por outro lado, registraram-se momentos de acirrados conflitos deflagrados na região sul do Estado de Sergipe, entre as vilas de Simão Dias e Jeremoabo, então distrito de "Coité", na Bahia, como consta nos registros oficiais. Esse ponto da fronteira, separando as duas províncias levantou questões consideráveis, chamando a atenção pela falta de clareza naquelas divisas. Uma via-crúcis parecia estabelecer-se no âmbito do debate entre as lideranças dos dois lados que culminaria com a intervenção conciliatória do governo imperial, mas não decisiva.

Haja vista que, segundo o governo baiano, em sua defesa, alegou que o protagonista desses episódios estava relacionado à figura do coletor da circunscrição de Simão Dias. Amiúde, ele tentava ilegalmente arrancar dos moradores de Jeremoabo os impostos que já estavam sendo recolhidos regularmente pelo fiscal de tributos competente da localidade. A insistência dele gerou desconforto para as autoridades da Bahia, cuja denúncia não tardou em ser dirigida ao chefe sergipano, datada de 21 de janeiro de 1863.

Na capital, Rio de Janeiro, centro do poder imperial, apenas se pronunciou no dia 5 de agosto de 1864, solicitando da autoridade superior de Sergipe as devidas elucidações sobre as acusações contra os esbulhos feitos pela Bahia.[9]

Esses acontecimentos, ainda que se pareçam isolados, foram tratados e introduzidos para o foco de discussão pelo próprio doutor Cincinnato, que, imprimindo mais cautela em suas convicções, mergulhou na mais evidente incerteza. Desse modo, achou por bem reavaliar seu ponto de vista, anteriormente visto com uniforme firmeza e quase indissolúvel, passou a considerar a dubiedade da questão. Compondo novo ângulo na análise baseado no alarido guerreado sobre as linhas divisórias. A seguir, coube comentar:

> Seria fecunda em bons resultados qualquer deliberação que de uma vez tornasse conhecidos e respeitados os limites desta Provincia com a da Bahia; pois que cessariam assim innumeraveis queixas, desapareciam muitos abusos e finalmente lucraria a causa publica.[10]

Seguiram-se quatro anos sem que a exposição do doutor Cincinnato sofresse quaisquer contestações ou adjutório que adicionasse mais informações relevantes ao secular debate. Em 1869, o argumento que expusera na época – repito –, sem que lhe fosse ofertada opinião contrária às suas hipóteses, exceto pelo que se nota em sua dedução e no feito de esmerar-se para esclarecer a prática de espoliação envolvendo as outrora vilas de Simão Dias, da parte sergipana e, Jeremoabo pelo lado da Bahia.

Os habitantes simão-dienses também escreveram suas aspirações num protesto e, esse foi anexado ao ofício número 25, de 27 de maio de 1864, de ordem do presidente da Província de Sergipe, remetido ao Governo Imperial, nele constava o pedido para que o líder da nação restabelecesse o controle da situação.

O impasse recebeu reiterado comentário análogo, inserido ao que já anteriormente havia sido proferido pelo próprio Cincinnato Pinto da Silva e ratificado pelo novo presidente da província de Sergipe, nesse caso o doutor Evaristo Ferreira da Veiga, que consultando o trabalho de outros autores, como o "Atlas do Império do Brasil", publicado no Rio de Janeiro em 1868, escrito pelo Dr. Cândido Mendes de Almeida, ao referir-se a Sergipe no setor sul, transcreveu o seguinte:

> As fronteiras meridional e occidental, em que é limítrophe com a da Bahia, contém obscuridades e duvidas, máxime a segunda, dependendo de acto legislativo e de demarcação para completo aclaramento dos rumos e descanço da administração e da população fronteirinha de ambas as províncias.[11]

A posse, sem título de propriedade, ou invasão a que se referem os presidentes da província, não estava vinculada ou dizia respeito à ocupação física de uma faixa territorial, mas sim a abrangência de sua unidade jurisdicional. Competindo por esse conceito de poder o direito de regulá-la no modo jurídico, ou seja:

> A posse, pois, não pode ser invocada em assunto de limites de jurisdição do poder público, como elemento gerador de direito.[12]

No entanto, uma ação curiosa e bastante interessante saltou às vistas do Dr. Evaristo Ferreira da Veiga. Não era estranho ver os moradores das respectivas localidades mudarem seus domicílios de uma vila para a outra, sempre que recebiam a visita dos fiscais, cujo interesse das pessoas era mesmo de enganar aos servidores e subjetivamente burlar as relações tributárias.

No mencionado trabalho do doutor Cândido Mendes de Almeida, diz-se, além de ser o pioneiro, é o mais completo do país. Um detalhe de suma importância, por muito pouco, deixou de ser notado por Evaristo Ferreira da Veiga. Na página de número 15, o autor do atlas, transcreveu sem faltar nada ao aludido decreto de 8 de julho de 1820, na seção em que descreve os "Mappas parciaes das províncias" (sic), e aqui, reproduzimos tal qual se acha publicado.

> Convindo muito ao bom regimen deste Reino do Brazil, e á prosperidade a que me proponho eleva-lo, que a Capitania de Sergipe de El-Rey tenha um Governo independente do da Capitania da Bahia; hei por bem isenta-la absolutamente da sujeição em que até agora tem estado do Governo da Bahia, declarando-a independente totalmente, para que os Governadores della a governem na fórma praticada nas mais Capitanias independentes, communicando-se directamente com os Secretarios de Estado competentes, e podendo conceder sesmarias na fórma das minhas Reaes ordens.
> Palacio do Rio de Janeiro, em 8 de Julho de 1820.
> Com a rubrica de Sua Magestade – Thomaz Antonio de Villanova Portugal.[13]

Antes de dar esse assunto por encerrado, nos estenderemos um pouco mais sobre um episódio que expunha a fragilidade dessas divisas. Num lugar denominado "Boqueirão de Bettes" (sic), provavelmente distrito de "Annapolis" (sic), hoje cidade de Simão Dias, um indivíduo conhecido pelas alcunhas de "João vaqueiro" ou "João Capellão" (sic) assassinou barbaramente uma criança de seis anos. O crime aconteceu no dia 1 de março de 1913. O homicida refugiou-se por ali mesmo, nos arredores do mencionado município, onde lhe deram voz de prisão permanecendo no lugar à disposição da justiça sergipana.

É comum presumir, quando um indivíduo adulto, vitima uma criança menor de 10 anos, classificando o delito como hediondo, sem a oferta de se cogitar outra regra que possa caracterizar o crime ou justificar os motivos do ato.

No entanto, a par da ocorrência por informações prestadas pelo "Chefe de Políicia" da Bahia, o governador daquele Estado, doutor José Joaquim Seabra, tratado nas rodas políticas como J.J. Seabra reivindicou a custódia do criminoso, mas as autoridades de Simão Dias recusaram-se em entregá-lo.

Ofendido, J.J. Seabra, se dirigiu ao governador de Sergipe, general José de Siqueira Menezes, por ofício do dia 19 de maio de 1913, expondo-lhe os fatos, e por fim, requereu do dirigente do Estado a:

> fineza de providenciar de forma que se faça a entrega do criminoso às autoridades deste Estado, afim de continuar o processo instaurado pela justiça da Bahia, visto as autoridades da cidade de Annapolis se opporem a mesma entrega, allegando ter ocorrido o delito na referida cidade.[14]

Outra vez, como em tantas ocasiões, nesse incidente, os sergipanos tiveram que lidar com mais uma interferência dentro de sua jurisdição pelo estado que lhe faz fronteira.

A solicitação do governo baiano também sofreu semelhante recusa do chefe deste Estado, reforçando a atitude das autoridades de Simão Dias em manter o preso onde estava. Em resposta, salientou:

> cumpre-me declarar a V. Ex. que deixo de ordenar as providencias solicitadas, por isso que o logar onde foi perpetrado o crime, affirmam todas as autoridades (...) faz parte do município da cidade de Annapolis, deste Estado.[15]

Lembrado por Siqueira Menezes na exposição dirigida aos membros da Assembleia Legislativa, em sete de setembro de 1913, a lei 474 sancionada em 31 de outubro de 1904, já concedia outorga para que o poder executivo de Sergipe estabelecesse relações com os líderes da Bahia, no sentido prático de sanar o problema das zonas que limitam os dois estados. Mas, segundo ele, houve um silêncio quase sepulcral por parte do dirigente baiano e o número de documentos pleiteando solução para o impasse apenas ganhava volume, inchando os arquivos das secretarias. Nada foi alterado até o presente século.

Os discursos que tratam dessas divisas virou litígio, e se estendeu por várias décadas. Sergipe ressentira-se expropriado de uma considerável faixa de terra, correspondente a 18 mil quilômetros quadrados que, de acordo com autoridades de diversos seguimentos, lembram que tanto as questões de ordem tributária e as de perfil judicial eram exercidas indevidamente pela Bahia.

O vórtice nos agrupamentos territoriais, seguidas de incompreensíveis desanexações, visando à reorganização dos limites administrativos, até aqui, tudo o que foi destrinchado, possui caráter meramente superficial pela fragilidade de retórica e vulnerável domínio sobre o tema. Para melhor esclarecimento dos fatos acerca dessa discussão, recomendamos a leitura da primorosa moção elaborada pelo ex-senador sergipano Francisco Rollemberg, na "Emenda 2P00587-0", além de outros tratados assinados pelos deputados Djenal Gonçalves e José Queiroz; do senador Albano Franco, bem como de vários estudiosos.

O indivíduo de maior autoridade em Sergipe, na época, enquanto capitania, o capitão-mor Estevão de Faria Delgado, escreveu ao Rei Dom João V, por volta de 1735, requerendo do monarca que intercedesse no sentido de restaurar a ordem face ao caos estabelecido pelos moradores de Jeremoabo. A iniciativa desse capitão-mor foi considerada irrelevante por alguns estudiosos, no entanto, a opinião não expressava a unanimidade dos historiadores. O manifesto dele, segundo alguns poucos intelectuais que lhe subtraiu o mérito, não teve o efeito necessário para o interesse da sociedade ou que alterasse o quadro jurisdicional no ângulo cartográfico da história, expunha meramente argumentações, talvez incompatíveis ao problema de redesenhar o mapa político daquele lado do Brasil, e futrica quebra de braço entre poderes, infrutífera e sem grande significação.

Após ter ciência das queixas de Estevão de Faria Delgado e, consultado os membros do Conselho de Ultramar, Dom João V inquiriu ao vice-rei e governador do Brasil, Conde das Galveas, a respeito das denúncias do representante de Sergipe. Em resposta ao rei, em 29 de janeiro de 1737, o Conde se pronunciou cético às declarações feitas por aquele capitão-mor, e, discordante registrou:

> Vendo a reprezentação que fez a Vmag.de o Capitão mor da Capitania de Seregipe de ElRey, a respeito da desordem com que vivem os moradores da freguezia do Jerimuabo, devo por na sua Real prezença que athé o prezente me não consta que entre elles haja distúrbio, que necessite de providencia.[16]

O Conde das Galveas também destacou que, insidia sobre Sergipe o patrocínio de, em outras palavras, oferecer patrulhamento militar e garantir a segurança dos habitantes de Jeremoabo, além de sujeitá-los ao seu governo, uma vez que a localidade avizinhava-se à região sergipana, e só. Porquanto, não cabiam os casos que envolvessem o particípio da justiça, nem a ouvidoria, cuja demanda deveria permanecer, e como de fato, ficou submetida aos tribunais da Bahia.

Destarte, na missiva subscrita pelo referido Conde, deixava evidente, que excetuando a respectiva comunidade de Jeremoabo, as vilas de Itapicuru e Abadia, continuariam anexadas à capitania baiana:

> como por senão confundir a boa ordem com que se estabelleceo a cobrança do Donativo[17]

Observou.

Entretanto, o deslocamento de Sergipe para Jeremoabo, tinha que levar em conta os numerários pugnados pelo capitão-mor Estevão de Faria Delgado, em carta datada de 30 de novembro de 1738, remetida a Dom João V. Para isso, ele primeiro solicitou ajuda financeira do Conde das Galveas, o que foi negado, depois, sugeriu à coroa o desentranhamento de uma soma que se achava recolhida nos cofres da realeza para as despesas dessas jornadas de correição e pagamento do soldo dos seis soldados que deveriam acompanhá-lo nas diligências.

A ajuda de custo que ele esperou, conforme provisão régia do dia 22 de novembro de 1741, não foi concedida. Por outro lado, não está explícito se o monarca acresceu às responsabilidades do capitão-mor de Sergipe de velar também pelas vilas de Itapicuru e Abadia, considerando a distância entre as duas localidades, a capitania chefiada por Estevão de Faria Delgado era o ponto mais próximo a elas.

******

O ano de 1821, no decorrer do mês de fevereiro, entre os dias 21 e 23, insuflaria mais incidentes, refletindo diretamente na administração pública sergipana, na fugaz gestão do governador Carlos César Burlamaqui. Interesses político/econômico estereotipavam ideias poderosas confabuladas, talvez, - até aqui, se constata um nível razoável de especulação -, dentro e além de nossas fronteiras, pensamentos divergentes à carta assinada por Dom João VI, tentaram minar e impedir que Burlamaqui assumisse o comando de Sergipe.

Em documento que escreveu de próprio punho, em 23 de fevereiro do ano já referido, César Burlamaqui não revelou com clareza, - pelo menos para este escriba -, de onde teria vindo quando transitou pela Bahia. Detivera-se por lá até o dia 5 de fevereiro do mesmo ano, quando ganhou estrada e seguiu viagem.

O notabilíssimo genealogista com extensão na heráldica, Carlos Eduardo de Almeida Barata, engenheiro e arquiteto, que acumula na folha curricular o cargo que ocupou na presidência do Colégio Brasileiro de Genealogia, lança uma centelha sobre de que lugar César Burlamaqui se deslocara e trouxe consigo dois filhos.

Cremos que, um desses, que se dispôs a acompanhar o pai na viagem tenha sido o brigadeiro Frederico Leopoldo Cesar Burlamaqui, nascido em 16 de dezembro de 1803 e falecido no dia 13 de janeiro de 1866[18]. Ele é o filho mais velho entre os dois nascidos na constância do primeiro consórcio com a senhora Dorothea da Silveira Pedegache[19].

Segundo Carlos Eduardo de Almeida Barata, Carlos César Burlamaqui saiu da vila de Oeiras, na província do Piauí, onde era presidente, no ano de 1820 nos últimos dias, após ser nomeado para ocupar o cargo de governador de Sergipe. Chegou à Bahia em 3 de janeiro de 1821, onde estacionou por pelo menos um mês. E só seguiu para Sergipe no dia 5 de fevereiro, chegando a São Cristóvão no turno vespertino, do dia 19, do referido mês e ano. Durante o traslado, seus passos foram vigiados.

> Tendo sahido da Bahia no dia 5 do corrente, atordoado já do muito que se falava, mas por isso mesmo que, senão acreditava o atentado, que praticarão no dia 10, parei no Reconcavo por falta de cavalos, que me conduzissem para diante; e no dia 9 segui viagem, e cheguei a esta Cidade no dia 19 pela tarde.[20]

Logo que chegou, ele foi informado que deveria ser empossado às pressas, na manhã do dia seguinte, 20 de fevereiro de 1821, por circunstâncias perniciosas. E fizeram como combinado, sem que nenhum evento externo, embora fosse esperado, viesse burlar a ordem e inquietar as autoridades presentes na solenidade de posse, sediada na igreja matriz Nossa Senhora da Vitória, em São Cristóvão.

No ato de transição, esteve reunido, além dos membros da câmara e o líder dela, o Juiz Ordinario Bento Antonio da Conceição Mattos (sic), o Procurador Francisco Moreira da Silva Marramaque (sic) e, por fim, o brigadeiro Luiz Antonio da Fonseca Machado, esse último, sendo aí sucedido.

Carlos César Burlamaqui compareceu e trouxe consigo a ordem que lhe facultava o título de governista. Na forma que segue parcial, ensejando o instante memorável da posse, transcrevemos do ato original:

> para effeito de dar Posse ao Ilustrissimo e Excellentissimo Senhor Governador Carlos Cezar Burlamaqui, neste Acto foi apresentada pelo mesmo Excellentismo Senhor a Regia Credencial, e Patente pela qual Foi El Rei Nosso Senhor Servido Prover ao mesmo Excellentissimo Senhor Governador Independente desta Capitania em cuja conformidade se lhe deo posse com as devidas solemnidades.[21]

Em solo sergipano, antes de ser empossado governador, Carlos César Burlamaqui encontrou o brigadeiro Luiz Antônio da Fonseca Machado, a quem devia suceder na pasta administrativa, tomado por notório estado de aflição. Havia rumores circulando na capital da província dando conta que César Burlamaqui tinha sido perseguido por terra durante o trajeto para Sergipe, objetivando esses que estavam em seu encalço forçá-lo a regressar para a Bahia e impedir-lhe a posse.

Às 6h da manhã, nos primeiros raios de sol do dia 20, data em que se confirmaria um marco inicial na ascensão do futuro de Sergipe, Carlos César Burlamaqui, recebeu na residência em que se achava hospedado a visita inesperada do seu antecessor, Luiz Antonio da Fonseca Machado, com ele também se apresentou o "ajudante de milícias" Joze Joaquim Ferreira (sic), e naquele encontro se diziam portadores de três ofícios com mensagens proferidas pelo novo governador da Bahia, cujos documentos traziam seguros dentro de uma mala.

O conteúdo – por certo, deveria exprimir um poder, que se levado à execução, seria capaz de revolver a cadeira do governador -, em tese, foi lido com oxidante indignação, e os efeitos contidos em cada linha inflamara profundamente o mais longínquo sentimento que se fez despertar na alma do futuro ex-líder dos sergipanos.

Refutando o comunicado expedido pelo governo baiano, nas correspondências acima citadas, foram entregues aos representantes políticos de São Cristóvão que, na ocasião, a autoria das cartas trazia a assinatura de José Caetano de Paiva, identificado como secretário de uma junta provisória integrada por nove indivíduos. Todos os membros da referida junta, inclusive o próprio Caetano de Paiva, não passavam de figuras estranhas a Sergipe.

Tais comunicados entraram na pauta de debate do dia 20, citado alhures, e fizeram incutir nas cabeças das autoridades sergipana quão dúbia e frágil era a decisão do monarca Dom João VI, a ponto de ser questionada e furtivamente guerreada pelos líderes baianos.

Resulta afirmar que a Bahia não reconhecia o efeito da ordem régia e muito menos acatava as determinações nela expressas, fazendo incontinência com a campanha de nulificar o decreto de oito de julho, e, por conseguinte, desnortear primeiro quem a ela fosse indicado para governar a província recém-absorta da influência administrativa baiana.

Reunidos em conselho, entre os políticos sergipanos de relevante conceito, ficou estabelecido que o tenente-coronel Manoel Rolemberg de Azevedo Acciaivoli, como voluntário, estava encarregado em dirigir-se à capital do império e representar ao monarca a respeito das decisões tomadas em plenário sobre as circunstâncias a que estava sendo submetida.

Fosse como fosse, quem empreendesse a tarefa teria que ser pessoa da mais sólida confiança. Tudo parecia estar bem acordado. Mas, as aspirações desejadas sofreram uma mudança repentina no plano com a desistência de Azevedo Acciaivoli em levar adiante aquelas reivindicações. Carlos César Burlamaqui, então sentenciou:

> O Tenente Coronel Manoel Rolemberg de Azevedo Acciavioli, que tal espontaneamente se offereceo, e foi escolhido, se acaba de exenzar da comissão; veja V.Ex.a que confiança posso eu ter, visto que em quarenta, e oito horas já se está a arrepender publicamente, o que farão os outros no seo coração! [22]

Para substituir o desistente Manoel Rolemberg de Azevedo Acciaivoli, igualmente se ofereceram o capitão-mor Bento de Mello Pereira, representando o "Corpo de Ordenanças de Villa Nova" (sic) e o capitão de infantaria Manoel Roiz do Nascimento para compor a nova comissão que daria cumprimento à tarefa.

Esse novo episódio foi levado ao conhecimento do "Ministro e Secretário de Estado dos Negócios do Reino" o magistrado Thomáz Antonio de Villa Nova Portugal (sic) por correspondência datada de 23 de Fevereiro de 1821.

Carlos César Burlamaqui parecia imprimir celeridade aos ínfimos atos do seu governo, e, logo que a chance lhe sorriu, além de prestar esclarecimentos sobre as finanças e as atividades relacionadas à Marinha, dentre outros seguimentos relativos aos negócios da província. Em 13 de março de 1821, ainda promoveu ao posto de tenente[23] o 1° sargento João Coelho Sampaio, lotado na 7ª Companhia do Regimento de Milícias de São Cristóvão, comandado pelo coronel José Agostinho da Silva Daltro.

Carlos César Burlamaqui era português, nascido em Lisboa, no ano de 1775, filho de Ippólito Burlamaqui e de Mathilde Valentina Pedegache. Foi capitão-mor da Capitania de São José do Piauí, assumindo o cargo em 21 de janeiro de 1806, aos 31 anos. Lá acabou sendo afastado e consequentemente preso. Faleceu na antiga capital do império, no dia 23 de maio de 1844, com 69 anos de idade. Era "Cavaleiro Professo na Ordem Cristo" e "Tenente Coronel do Estado Maior do Exército".

Capítulo 7

1822: Vila Nova
ovaciona a corte de Portugal

No ano que ensejou o movimento pela independência do Brasil e, os eventos fortuitos e potencialmente antagônicos ameaçavam dissolver a autonomia sergipana cessando os poderes de Carlos Cesar Burlamaqui como governador, conforme exposição vista no capítulo antecedente. Paralelamente, uma série de ocorrências tumultuaram as relações entre os brasileiros e a corte portuguesa, que, diante da provável cisão, por fim da força tentava desferir um golpe contra os filhos da nação, e, porque não considerar, contra a regência de Dom Pedro I, com premente intento de fazer revigorar o processo de recolonização. Um rio de sangue encharcou as terras áridas de um estado nordestino durante "A batalha do Jenipapo", deflagrada em 13 de março de 1823[1].

A chegada do truculento "brigadeiro do exército nacional e real, Ignácio Luiz Madeira de Mello" que desembarcou na Bahia, nomeado em 9 de dezembro de 1821, substabelecendo ao Conde de Palma e ex-presidente da Província de São Paulo, Manuel Pedro de Freitas Guimarães, - por despacho assinado em 7 de junho de 1817 -, para chefia da junta provisória ascenderia o pavio do barril de pólvora pela campanha da segregação entre o Brasil e a grande metrópole lusitana.

Sim, o Brasil estava dividido. Havia rivalidades entre as províncias. Crise, rupturas internas e externas nas relações políticas protagonizadas pelos dois países davam o diagnóstico esperado: a independência era iminente. Em meio à turbulenta vociferação popular, e aflorados brios ambientaram cruéis confrontos a ponto de Pedro I, através de carta que assinou em 15 de junho de 1822, convidando Madeira de Mello a deixar o País e regressasse imediatamente para Portugal, levando consigo os seus comandados, sob pena de persuadi-lo com a flâmula da guerra e forte contingência militar.

A mensagem do príncipe real veio a lume para alguns milhares de cidadãos um século depois, 107 anos, publicado em sua totalidade na 6ª edição do jornal "O Conservador", veiculado na cidade de Nazaré, interior do Estado baiano que circulou no dia 2 de Julho de 1929, sob o título: "Documento pouco conhecido - A ordem de D. Pedro I ao general Madeira de Mello". Está arquivado na Biblioteca Pública da Bahia, documentado na sessão de periódicos raros. Eis uma passagem do pronunciamento do príncipe regente:

> Ignacio Luiz Madeira de Mello (...) eu o Principe Regente vos envio muito saudar. Os desastrosos acontecimentos que cobriram de luto essa cidade nos infaustos dia 19, 20 e 21 de fevereiro, magoaram profundamente o meu coração. Verteu-se o sangue de meus filhos, que eu amo (...) para se apertarem de novo relaxados vínculos de amizade entre os dous Reino, que o Brasil fique só entregue ao amor e fidelidade dos seus naturaes (...) ordeno-vos, como Principe Regente (...) que logo que esta receberdes, embarqueis para Portugal com toda a tropa.[2]

Madeira de Mello conservou-se austero em postura intransponível. Não se deixou levar pelo menor sinal de ter sido tocado com o pedido manifestado pelo príncipe herdeiro, mas reagiu em seguida, levando ao conhecimento de Dom João VI o teor da correspondência que recebeu do filho de sua majestade, ratificando o seu propósito perante as leis da Corte. Referindo-se à ordem expedida por Dom Pedro, ele resolveu não dá cumprimento às determinações do príncipe e se posicionou taxativo dizendo que:

> não cumpriria, por não ser emanada do soberano congresso da nação, ou de El-Rei o senhor D. João VI, únicas autoridades que reconheço superiores[3]

As atitudes afrontosas de Madeira de Mello desafiavam o ímpeto do príncipe bravio, querendo com isso, medir o peso de sua liderança.

Noutra missiva, remetida ao pai, em 22 de junho de 1822, Dom Pedro deixou expresso o seu descontentamento e inconformismo contra o brigadeiro e visivelmente enervado, declarou ao rei Dom João:

> O Madeira na Bahia tem feito tyrannias, mas eu vou já já pô-lo fóra, ou por bem ou á força.[4]

Quanto ao pronunciamento do príncipe regente e os fatos que assolaram o Brasil, especificamente na Bahia, para ser mais exato, Madeira de Melo chegou a dar aos nativos deste País a pecha de revolucionários, "infames e facciosos".

Ataques quase irascíveis, com o fulgor das armas, sucederam-se sob o seu comando contra os brasileiros. Nessas circunstâncias eram tratados como sendo filhos do próprio Dom Pedro, como lhe havia especialmente preconizado Dom João, por decreto de 22 de abril de 1821. Como se vê na declaração a seguir, no que tange os laços fraternos é possível compartilhar afinidade e proteção:

> eu não só os trato como taes, mas tambem como amigos; tratando-os como filhos sou pae, e tratando-os como amigos sou outro: assim quaesquer d'estas duas rasões me obrigam a fazer-lhes as vontades rasoaveis[5]

Em "Vila Nova", atual cidade de Neópolis, Sergipe, em plenário na câmara dos vereadores, realizado no dia 25 de agosto de 1822, - a poucos dias da independência -, estiveram reunidos os lideres políticos com significativa representação naquela sociedade. Vindo por essa ocasião, em face da presença do coronel português Ignácio Luiz Madeira de Mello, na época servindo como "Governador das armas da Província da Bahia", então continente às ordens oriundas das cortes portuguesas, como já disse, e nessa conjuntura, a câmara respectiva, reconhecia a autoridade lusitana.

De Vila Nova soube-se da manifestação redigida com notável zelo e trazia as assinaturas do Juiz Ordinário Leandro Pereira da Silva, do Procurador "João de Deos do Amparo" (sic) e dos vereadores Fortunato Antonio Ribeiro Pereira da Cunha, Antonio Rodrigues, José Guilherme da Silva Martins. Diziam aquelas autoridades:

> Supremo Comgresso, Altas Cortes da Nação Portugueza pela mão de Deos unidas para Salvação do seu escolhido Povo esta Camara de Villa nova Real de ElRei do Rio de Sam Francisco, Commarca de Sergipe de ElRei, não tendo expreçoens dignas de tam elevado Tribunal, e querendo ao mesmo tempo dar algum testemunho de quanto a gradecia as Sabias e devolozas fadigas desse tam supremo Adjunto, tímido se recolhia ao silencio. Mas logo que os Altos feitos de Vossa Magestade se multiplicão mais, e mais; logo que o nosso espirito se tem despertado pela conhecida Benevolencia de Vossa Magestade, seja então licito dizer, que a Vós, Supremo Comgresso, saudamos, e agradecemos tantos benefícios (...) Nos como sempre juramos, perpetua obediência: Deos Guarde a Vossa Magestade por muitos annos[6]

Aparentemente dúbia, a elite política de Vila Nova parecia tendenciada a servir aos dois reinos sob aparente estado de ebulição e o prelúdio beligerante: Portugal, por Dom João VI a quem Dom Pedro I supunha estar alheio aos entraves sucedidos na futura ex-colônia; e Brasil, pelo mesmo regente. Pai e filho trocaram em curto prazo várias correspondências em que se discutiam veementes o futuro menos conturbado dos brasileiros.

Uníssonos, homens influentes de toda parte se manifestaram pela permanência do príncipe herdeiro no Brasil. A partida dele para a metrópole, como desejava a corte, cerceava definitivamente os laços entre as duas nações favorecendo ao projeto de recolonização, como era previsto.

Os principais líderes das províncias de São Paulo, Rio de Janeiro, Pernambuco, Minas Gerais, Maranhão, "Rio Grande de São Pedro do Sul"[7](sic) etc., governadores, senadores, deputados, vereadores; do clero ao mais alto escalão militar, sem excetuar a participação da massa; além de figurões como o patriarca da independência José Bonifácio de Andrada e Silva, o coronel Antônio Leite Pereira da Gama Lobo, juntos, frequentemente alertavam ao herdeiro do trono sobre as armadilhas incutidas em cada artigo das leis de Portugal, para onde o Brasil estava sendo atraído.

Havia a ardil desculpa sugerida pela corte lusitana de retirar Dom Pedro do Brasil, através de incursões que deveria fazer a outras nações europeias como Espanha, Inglaterra e França, com fito de adquirir experiências à altura do título que possuía.

Dom João, por despacho de 1º de outubro de 1821, expunha enfáticas as razões discutidas pelo escalão português.

> a continuação da residência do Principe Real no Rio de Janeiro se torna não só desnecessária, mas até indecorosa á sua alta jerarchia[8]

Contra essa imposição, os brasileiros defendiam que viagens dessa natureza poderiam ser feitas aqui mesmo. O príncipe herdeiro tinha muito ainda o que descobrir por essas terras.

A bordo do navio "Três Corações", ancorado no porto da cidade de Lisboa, onde tinha acabado de chegar, por ter deixado o Brasil em circunstâncias delicadas e vulneráveis para a segurança da nação, Jorge de Avillez Juzarte de Sousa Tavares, que era tenente-general da "divisão portuguesa auxiliadora", - formada por uma força de 1.673 homens, responsável por guarnecer a praça da corte e a cidade do Rio de Janeiro -, escreveu a 21 de maio de 1822, manifestando-se contrário à excussão do príncipe na Europa. Dizia ele:

> o Regente d'este reino, a única esperança da sereníssima casa de Bragança, viajando incógnito por uma circumscripta parte da Europa, como uma creança rodeada de aios e de espeias[9]

Os sete navios destinados para transportar para Portugal a tropa da referida divisão deveriam zarpar às nove horas da noite do dia 7 de fevereiro de 1822, protelando-se ainda no porto, as embarcações içaram velas numa sexta-feira, 15, do referido mês e ano. Avillez Juzarte advertiu ao príncipe regente sobre o modo persuasivo com o que estava sendo impelido a se retirar do País.

Em documento datado de 31 de janeiro de 1822, no quartel general da Vila Real da Praia Grande, Avillez considerou injusta a ordem de Dom Pedro determinando o seu regresso para Portugal e com ele também partisse a "divisão auxiliadora". O fato é que o general Avillez Juzarte, espontaneamente tinha solicitado a sua exoneração para regressar para Portugal, ele estava morando no Brasil há quase sete anos. E sob protesto, ainda escreveu ao herdeiro do trono dizendo:

> Lembre-se Vossa Alteza Real, que o que não é justo e não é nobre, jamais é digno de um Principe[10]

O herdeiro do trono ainda fez acompanhar a "divisão auxiliadora" um navio hospital para o caso repentino de epidemia[11], além do adiantamento de três meses de salário e gratificações, conforme portaria do dia 8 de fevereiro de 1822. No entanto, havendo mais retardos, o príncipe deu o seguinte ultimado:

> que se na manhã do dia seguinte não principiasse a divisão a embarcar, mandava contra ella romper o fogo por mar e por terra[12]

O povo brasileiro queria-o imperador, mas ele, Pedro I, a princípio discordante, esboçara em recusar o título, tendo como régulo a disciplina de sua pátria *mater*, como se verá a seguir, do conteúdo extraído da carta remetida a Dom João, assinada em 4 de outubro de 1821, e verificando o sacerdócio da própria consciência, pode assim, revelar:

> queriam-me, e dizem que me querem acclamar Imperador; protesto a Vossa Magestade que nunca serei perjuro, que nunca lhe serei falso, e que elles farão essa loucura, (...) juro a Vossa Magestade, escrevendo n´esta com o meu sangue estas seguintes palavras: 'Juro sempre ser fiel a Vossa Magestade, á nação e á constituição portuguesa. [13]

Talvez por ignorar o perigo e não divisar plano tão maquiavélico, que se pretendia ruir a estabilidade da florescente nação abrindo o abismo sob os pés dos brasileiros, porque se estimava que os príncipes nascidos no Brasil pudessem suceder a Dom João VI no reino luso. Tal evidência revolveria o velho regime e colocaria no mais alto comando da realeza um cidadão brasileiro descendente da linhagem dos "Bragança e Bourbon" regendo pacificamente as duas nações sem precisar sair do Brasil. Era esse o futuro que os aguardavam, pela relação consanguínea com Dom João e sua mãe, donna Maria I, pelo pai dela, o rei Dom José, dentre outras considerações amplamente justificáveis. Por certo, Portugal não cederia a tais possibilidades sem maquinar uma saída inteligente que fatalmente anularia tudo isso.

O coronel Manuel Carneiro da Silva Fontoura, do Rio de Janeiro, escreveu a 9 de janeiro de 1822, o trecho que segue:

> o Brazil mostra a todas as potencias da Europa os principes nascidos em seus braços, e adiantando as vistas de sua politica, não duvida dizer altamente, que os verá nos thronos do antigo hemisfério.[14]

Pelos sergipanos, as personalidades mais sobressalentes de Vila Nova, reforçava o argumento de adesão às cortes portuguesas digerindo sem a menor suspeição a incômoda presença e nocividade que Madeira de Melo representava, destacando, sobretudo, os insultos que cobriram Alagoas pelo ato emancipatório de 1817, declarando da forma seguinte:

> Sim, senhor, a nós toca mais, do que a nenhum outro povo do Brazil agradecer á Deos, e a Vossa Magestade tam, acertadas providençias, pois se em 1817 nós fomos os primeiros, que vimos com disgosto as injurias feitas contra Deos contra o Rei, contra a Nação, e também os primeiros em rebate-las, da mesma forma temos agora sido testemunha dos criminozos factos dos Facciozos da Provincia das Alagoas. Na verdade, senhor, cauza dó, luto, e pranto ver nesta Villa tantas famílias expatriadas, deixando todos os seos bens huns, e outros deixando a doce vida na quella ingrata Provincia, sem mais outro crime, do que o ser Europeo.[15]

Para concluir, reafirmando lealdade à corte portuguesa, ao monarca Dom João VI, e ao brigadeiro Madeira de Mello, os representantes de Vila Nova despediram-se, dizendo sem nenhum estorvo aos fatos verdadeiramente discutidos em torno da permanência do príncipe herdeiro no Brasil. Para o parlamento de Vila Nova, em Sergipe, entendia que a união com Portugal deveria ser conservada:

> Nós como sempre juramos, perpetua obediência: Deos Guarde a Vossa Magestade por muitos annos.
> Villa Nova Real de ElRei do Rio de Sam Francisco em Vereação de 25 de Agosto de 1822.[16]

Entre a cruz e a espada, opondo-se a contragosto à vontade do seu augusto pai e, finalmente contra os intentos lusos, que durante sua ausência estimulada por razões políticas, obrigando a retirar-se para Portugal, como ressaltou em carta do dia 26 de abril de 1822; a corte portuguesa fatalmente submeteria o Brasil à coação, impondo-lhe a escravidão e repulsiva subserviência. Nesse mesmo ano, meses antes, Dom Pedro I eternizou essas frases:

> Como é para bem de todos e felicidade geral da nação, estou prompto: diga ao povo que fico.[17]

Outras máximas de igual impacto proferidas por ele também perduram por séculos a fora. Em sua peculiar irascível altivez, sentencia na mais evidente demonstração de patriotismo, elevando ao mais alto grau a sua devoção. Entre outras considerações, numa passagem da correspondência acima citada, e que endereçou ao pai, ele menciona que a Bahia expressava o melhor exemplo de amor à pátria lusitana, ensejada, é óbvio, pela presença persuasiva de Madeira de Mello.

> Sou constitucional, e ninguem mais do que eu, mas não sou louco nem faccioso[18]

Vindo, como de fato se deu a independência vertendo os mais veementes anelos e necessidades separando o Brasil de Portugal, Dom Pedro condicionaria a nação brasileira ao status de reino[19] e cujo título jamais seria contestado ou usurpado. Antes do regresso de Dom João para Portugal, o príncipe herdeiro recordando as palavras que lhe confidenciara o pai num dos aposentos real, quando lhe disse com recato:

> Pedro, se o Brazil se separar, antes seja para ti, que me has de respeitar, do que para algum d'esses aventureiros[20]

Como asseverou o próprio príncipe regente, declarando que "a separação do Brasil era inevitável"[21], por outro lado, Portugal ia decaindo, afogado no mais evidente equívoco político, já convulsionado pela as ameaças de Napoleão, o golpe de Dom Miguel, etc.; para em seu crepúsculo erguia-se em glória o "filho da América"[22] como disseram as autoridades do Rio de Janeiro em exaltado manifesto, datado de 20 de maio de 1822[23].

"O Brasil, desde o advento de Cabral, de tudo ofereceu a Portugal, e esse, de que forma retribuiu?", questionou os estadistas fluminenses na referida carta manifesto. Tudo, Portugal negava ao Brasil, e ainda refutava o que mais os brasileiros poderiam esmolar. Burlavam direitos, fazendo intencionalmente expirar prazos das reivindicações remetidas às cortes.

Ainda, segundo a casta política do Rio de Janeiro, observou que não era possível para o Brasil conformar-se na inferior condição de colônia, porque ensejando eventual ataque de países invasores, por sua localização geográfica alémmar e minimizado poder bélico, como Portugal poderia defendê-lo? O Brasil não poderia se defender sozinho, havia sanções proibitivas restringindo a entrada de armas e munições impostas pelas cortes. Obviamente, uma medida de prevenção para evitar que os povos da colônia se rebelassem contra o reino luso.

> De nada serve a riqueza terrirotial se não for administrada pela sabedoria do governo; um povo independente e civilisado suppõe-se com conhecimento, industria e poder[24]

Os Estados combinados, as então províncias de outrora, dividiram-se em polos, - como igualmente dividido, se sentiu Dom Pedro -, essas se enfileiravam defendendo ideias divergentes, sobre a decisão que ele deveria tomar se favorável à influência contínua dos portugueses sobre os brasileiros, ou insurgisse e proclamar-se independente. Qual melhor convinha para evitar um enfrentamento e provocar o descontentamento paterno e conviver com a pecha da conveniente desobediência e covardia, tal qual fizera o monarca em 1808, quando veio para este lado do continente, fugindo do jugo bonapartista. De resto, o que sucedeu é de conhecimento de todos.

Deve-se, contudo, antes de epilogar essa exposição, devassar algumas impressões que povoaram o raciocínio e nutriram os discursos defendidos por Madeira de Mello, em decorrência dos fatos turbulentos atribuídos a ele enquanto se achava introduzido no seio da administração baiana. Falando a Dom João VI e mais tarde aos membros da Junta Provisória na Bahia, ele destacou que:

> nós faremos todos aquelles sacrifícios, que sempre foram próprios dos portugueses quando se tem tratado de conservar a dignidade nacional[25]

Madeira de Mello era súdito leal e só obedecia solenemente às ordens expressas pelo monarca Dom João VI e aos arbítrios do supremo congresso português, como declarou logo acima e citado alhures.

Coisa alguma o aureolava com fulgurante centelha da benignidade à causa brasileira. Pelo contrário, a ordem era dividir o País para enfraquecer a influência de Dom Pedro. No entanto, a estratégia posta em prática naufragava na medida em que o herdeiro do trono estava sendo aclamado nas diversas partes do recôncavo baiano.

A vila de Cachoeira declarou adesão ao príncipe em 25 de junho de 1822, seguiram os passos as vilas de São Francisco, Santo Amaro da Purificação, Maragogipe, dentre outras, em 29 do mesmo mês.

Madeira de Mello tinha que frear a marcha pela independência e impedir que a ascensão de Dom Pedro se estendesse sobre a Bahia e consequentemente tomasse o resto do País. No dia 12 de junho, um contingente armado, comandado por um agregado do brigadeiro Madeira de Mello, apenas conhecido como Monjardim, estridente, vociferou ordem de prisão para os vereadores que comparecessem à sessão plenária daquele dia, 12, sob o pretexto de asseverar que as influências do jovem príncipe não contagiassem a todos daquela casa de vereação.

Por essa ação repressora, nessa ocasião e por falta de quórum, não houve sessão, apenas duas pessoas confirmaram suas presenças na câmara, o procurador e coronel Francisco José Lisboa e apenas um vereador conhecido como França. Só depois do meio-dia os dois indivíduos deixaram o local. Após três dias foi lavrada a ata relatando o fato.

Do Rio de Janeiro, em correspondência subscrita no dia 1 de agosto de 1822, pouco mais de um mês, antes de cessar os vínculos com Portugal, Dom Pedro I, emocionou aos brasileiros, conclamando aos povos com a legitimidade de um líder dedicado, proferindo palavras de bravura e estímulos. Abaixo, reproduzimos parcialmente o exórdio do primeiro imperador do Brasil. Eis:

> Bahianos, o brio é a vossa divisa, expelli do vosso seio esses monstros que se sustentam do vosso sangue; não os temaes, vossa paciencia faz a sua força (...) Valentes mineiros, intrepidos pernambucanos, defensores da liberdade brazilica, voae em socorro dos vossos vizinhos irmãos; não é causa de uma provincia, é a causa do Brasil que se defende na primogenita de Cabral (...) Habitantes do Ceará, do Maranhão, do riquissimo Pará, vós todos das bellas bellas e amenas provincias do norte, vinde exarar e assignar o acto da nossa emancipação (...) Brazileiros em geral: amigos, reunâmo-nos; sou vosso compatriota, sou vosso defensor; encaremos como unico premio dos nossos suores a honra, a gloria, prosperidade do Brazil.[26]

Capítulo 8

Mais colóquio dos presidentes

O Estado de Sergipe patenteou à nação tudo que o pai fervoroso espera do filho: valor humano e ético. Figuras cujas virtudes trazidas do berço foram lapidadas com a fugacidade das décadas que, encorajados aceitaram as tarefas conferidas através do voto popular para cargos públicos com extensão no legislativo municipal, estadual e federal, ou no executivo e na esfera judiciária, no clero, assumindo a titularidade das pastas que lhes foram atribuídas com amparo legal, ou como ocorria em épocas mais remotas, por aptidão natural.

Logo nas primeiras linhas do discurso inaugural e tomado pela empáfia, dando inicio a sessão da 5ª Legislatura da Assembleia Provincial, com registro na história, - assim está assegurado -, datado de 11 de janeiro de 1842, proferido pelo chefe do governo sergipano e comandante superior, o notável comendador, Sebastião Gaspar de Almeida Boto, pronunciamento dirigido aos membros da câmara dos deputados, declarou ele:

> Se há um acto na vida de um homem publico, que o encha de prazer e orgulho, he certamente aquelle, com que desempenha em sua plenitude a comissão, de que foi incumbido por algum dos Poderes do Estado.[1]

No decurso de várias eras estagnadas pelas vicissitudes e demandadas por estágios de irrevogável evolução, fizeram dessas terras palco de conflitos históricos encetados primordialmente entre estrangeiros e os naturais indígenas; visto também pela ocupação e anos depois, no desterro dos holandeses. A isso vale acrescentar os efeitos devastadores da cólera e a consequente construção de cemitérios para dar sepulcro às centenas de vítimas dessa mesma doença.

A história permeada pela cólera em Sergipe, a partir de 1855, talvez exprima conotação recorrente sendo apreciada em várias exposições e publicações sobre o assunto. No entanto, o tema jamais poderá submeter os estudiosos aos efeitos da exaustão e do desânimo, porque é matéria imprescindível ao conhecimento do ângulo estatístico sobre o momento em que esteve à prova o benefício da medicina, que assomada à ação dos governantes, triunfou frente à iminência da morte, contextualizada em escala desenfreada, quem sabe, sem precedentes, e recebeu nota de ser o maior colapso enfrentado na saúde pública desta parte do País.

Observa-se que, no período citado, instalou-se a porfia envolvendo o traslado da capital. Enquanto a cidade de São Cristóvão repousava solene na condição de centro do poder, Inácio Barbosa cultivava planos que revolveria a ordem pública subscrita por inapelável decisão.

Disposto a dar execução à ideia do móvel da antiga sede do governo para Aracaju, o então chefe de estado, reportando-se aos deputados por relatório de 1º de março do referido ano, 1855, manifestou-se sob a seguinte argumentação:

> Tendovos convocado por Acto de 22 do mez próximo passado
> para o Povoado do Aracajú, na Barra da Cotinguiba, onde nos
> achamos, á fim de deliberardes sobre a mudança da Capital da
> Provincia, julgo do meo dever, antes de sujeitar ao vosso ilus-
> trado critério as rasões que me determinarão á fazer esta pro-
> posta, declarar-vos que convoquei a Assembléa Provincial para
> este Povoado com preferencia ao da Cidade de Sam Christovão,
> onde até aqui erão as vossas reuniões, porque, sendo precisa-
> mente na Cidade de Sam Christovão a Séde a Capital, receei
> que ali não podesse haver a preciza liberdade de discussão para
> deliberar-se com a calma e reflexão, que exige a solução, de uma
> questão, aliás de tamanha gravidade e alcance para os interes-
> ses da Provincia.[2]

Apesar da retórica visionária, o do Dr. Ignacio Joaquim Barboza demonstrava a apreensão que a conjuntura infligia ao seu plano de governo. A evidente impressão de acercar-se de cuidados extremos durante a exposição do seu ponto de vista.

Sobrevinha a tudo isso, os interesses alheios às necessidades da Província como está frisado em seu discurso. Mui sutilmente ele observou os impasses ofertados pela bancada oposicionista, essa representava uma grande ameaça à ideia pretendida. Continuou ele.

> "Pareceo-me mesmo que os interesses particulares, ahi existen-
> tes, porião em acção todos os recursos, que egoísmo lhes sug-
> gerisse para estorvar qualquer discussão sobre semelhante as-
> sumpto, e, Deos o sabe, si até com sacrifício da ordem publica".[3]

Ignacio Joaquim Barboza entendeu, antevendo que o município de São Cristóvão estava fadado a uma insuperável corrente regressiva que o arrastaria direto para a estagnação irremediável. Por tudo, indispunha-lhe soturna a posição geográfica localizando-o ao "fundo do rio Paramopama", conforme destacado, sendo adjeto ao conjunto de insuficiência para o plano de escoamento marítimo fluvial, o que por aqueles lados tornava-se impraticável a empreitada dessa natureza de serviço.

Ele também defendeu que nenhuma outra localidade poderia equiparar-se às mesmas condições de navegação e facilidades de acesso como as que assistiam a pretensa capital Aracaju. Isso, claro, sem levar em conta que, os prédios da alfândega e outras repartições estavam aninhados e margeando a barra do "cotinguiba" (sic), diga-se, o rio Sergipe.

Referindo-se à cidade da Barra dos Coqueiros enquanto povoado, por exemplo, e em meio a essa consideração, Ignacio Joaquim Barboza teceu a seguinte dedução:

> Ainda há porém uma questão sobre o mesmo lugar da Barra da Cotinguiba, e é si convém preferir o Povoado dos Coqueiros ou do Aracajú, que ficão defronte um do outro, como o sabeis (...) a Capital deve ser do lado, em que está situado o Povoado do Aracajú, quer porque tem muito boas agoas, e é muito salubre e ventilada, tendo nos fundos o fértil Municipio do Socorro, ao passo que o dos Coqueiros tem um clima ardentíssimo, é falto de agoas.[4]

No julgamento do Dr. Ignacio Joaquim Barboza, para o status de capital que São Cristóvão ostentava, ao longo de dois séculos e meio, segundo ele, a cidade não apresentou no quadro econômico/social o desenvolvimento que se esperava. Os habitantes não prosperaram, nem influíram diretamente na dinâmica proporcional nos setores da agricultura, e suficientemente influenciasse a receita.

> Era sem duvida tempo sufficiente para ostentar-se rico e populoso (...) Entretanto voz todos concordareis que, longe de ser elle um grande povoado, é uma das mais pequenas Cidades da Provincia (...) o seo aspecto em geral só revela decadência e mizeria.[5]

Certificando-se de já haver incluído em seu discurso os motivos que justificasse a mudança da capital e, ter feito breve análise sobre os aspectos possíveis de outras cidades sediar a nova capital, Inácio Barbosa tinha uma impressão que pejorou as condições da vila de Santo Amaro das Brotas. Lacônico, considerando sua apreciação, concluímos que se tratava de lugar sem grandes atrativos ou perspectivas, principalmente, por ser um lugar "estéril e decadente"[6], observou ele.

Quase meio século, antes de alguém, ainda que remotamente, pudesse cogitar sobre o móvel da capital, Dom Marcos Antonio de Souza traçou um perfil diferente, contrário à opinião do doutor Barbosa. Ao escrever "Memória sobre a capitania de Sergipe, 1808", laconicamente defendeu e exprimiu seu ponto de vista, e na época destacou:

A villa de S. Amaro das Grotas é a mais famosa e rica de toda a Capitania.[7]

Improdutivo como se entende na dicção de Ignacio Joaquim Barboza, o torrão natal do intrépido capitão-mor José Pereira Filgueiras e de tantos enleios histórico-políticos, reduto dos mais salientes líderes sergipanos, não caiu nas graças do executivo da província, para o descontentamento geral de uma sociedade inata e, por isso, era apropriado comentários mais generosos. Todavia, um pensamento era plausível e reforçava a opinião que Ignácio Barbosa tinha a respeito da vila de Santo Amaro. Em 1845, por exemplo, foi publicado o "Dicionário Geográfico, Histórico e Descritivo, do Império do Brasil, de J. C. R. Milliet de Saint-Adolphe", que na página 506, faz-nos pensar sobre as transformações impostas aos habitantes da respectiva localidade:

> Santo Amaro – Villa pequena e de pouco trato da Provincia de Sergipe, perto do canal pelo qual o rio Sergipe comunica com o Cotindiba (...) A pouca importância d´esta villa foi ocassião para perder este titulo. (...) A população de seu limitado districto é avaliada em 2,000 habitantes, que lavrão cannas e os viveres ordinarios.[8]

Por fim, o doutor Ignacio Joaquim Barboza arrematou:

> Entendo que a Séde da Capital da Provincia não deve continuar a ser na Cidade de Sam Christovão, e para este fim proponho-vos o Povoado do Aracaju onde nos achamos.[9]

Em pouco tempo, o destino incerto, não lhe permitiu viver para acompanhar o trabalho que transformou a área pantanosa da cidade que conhecemos hoje. Cremos, que, se tal desventura não o acometesse tão rápido e inesperadamente, a influência e as ideias do Dr. Ignacio Barboza, ainda em vida, certamente inspiraria uma geração de entusiastas da sociedade civil, bem como engrossaria a pasta administrativa de boas obras conferidas pelos novos ocupantes do cargo para as próximas décadas.

Com base na escrita do Dr. Salvador Correia de Sá e Benevides, referindo-se a Ignacio Joaquim Barboza, em seus muitos dizeres, o chamou de:

> genio profundo, enthusiasta do progresso (...) que as bazes do
> brilhante futuro da Provincia de Sergipe forão plantadas por esse
> grande homem, com sacrifício de sua vida.[10]

Assumindo a pasta administrativa após o falecimento de Inácio Barbosa, tinha sobre os ombros a árdua empreitada de dar continuidade segura aos projetos iniciados por ele. A começar pela obra de construção da igreja matriz, que Ignacio Joaquim Barboza fez sulcar no solo as primeiras feições dos alicerces.

De acordo com o que o Dr. Benevides escreveu no seu relatório do dia 2 de julho de 1856, Inácio Barbosa absteve-se de não custear a edificação da matriz com os recursos da província. Preferindo, em vez disso, recorrer à generosidade dos cidadãos católicos.

Em suma, o trabalho de edificação que teve início, havia sido suspenso momentaneamente por circunstância do falecimento de Ignacio Joaquim Barboza. A construção do prédio, ainda segundo o Dr. Benevides, foi orçada no valor de oitenta contos de réis. Os cofres do governo não disponibilizavam de subsídio suficiente que assegurasse o andamento e a conclusão da empreitada com a celeridade que se pretendia. Entretanto, a realização de uma loteria, ideia bastante comum, lhe iluminou o semblante voltando a aquecer o propósito para o andamento regular do projeto concebido na gestão do doutor Ignacio Joaquim Barboza.

> É certo que não póde a província contar com o quantitativo ne-
> cessário para em pouco tempo ver concluída a matriz da Capital
> (...) Apresento á vossa consideração o estabelecimento de uma
> loteria, cujo produto seja destinado a esta obra.[11]

Levantando esses fundos, poderia dar continuidade ao trabalho não só de erguer as paredes da matriz, como também possibilitaria ao governo de fazer reformas em outros templos religiosos dispersos, quem sabe em toda a província. Dr. Benevides pretextava dar uma resposta, senão imediata, pelo menos em curto prazo, que atendesse aos anelos da população religiosa de Aracaju para a prática de seus ritos sagrados. Resolveu que uma "casa de oração" fosse construída a "toque de caixa e repique de sino", como se diz o dialeto popular.

A pequena capela teria que ser modesta com proporção mínima, mas digna e decente. Essa tarefa foi atribuída ao "capitão de engenheiros" Francisco Pereira da Silva, e custaria aos cofres da província seis contos de réis. Começou a ser erigida no dia 22 de maio de 1856, e mais tarde ter consumido pouco mais da metade de um conto de réis.

Um exemplo de civilidade e cooperação foi registrado na iniciativa do inspetor da alfândega e de seus colaboradores mais proativos, que se assomaram à digna tarefa na doação de material de construção. A atitude de generosidade com a causa ganhou o reconhecimento do governo que lançou suas impressões nas laudas da memória.

De pequena "casa de orações" a Igreja de São Salvador. O projeto original foi alterado e em lugar da referida casa com a pedra fundamental já colocada no dia 22 de maio, como já foi visto. O número de moradores em Aracaju cresceu com admirável efemeridade e em paralelo aumentava o desejo dos cidadãos em ver construída a primeira igreja da nova capital. Por essa razão, viu-se, o governo, obrigado em acrescentar ao plano a urbanização da rua onde o templo estava sendo construído.

Enquanto as circunstâncias não minoravam a crueza na insuficiência pecúnia, com o que se pode tirar da frase eternizada por Fernando Pessoa, quando disse: "Querer não é poder", no entanto, a máxima não seja apropriada. Ou ainda, essas mesmas circunstâncias apontassem indicativos que impulsionasse os trabalhos de edificação da matriz projetando para fora do papel o bem intencionado plano de Ignacio Joaquim Barboza. Os fiéis compreendendo esses esforços incessantes se reconfortavam cheios de contagiante felicidade, ministrando seus cultos veneráveis sob a égide sacrossanta na capela de São Salvador.

******

Com a instalação do hospital de caridade de Aracaju, ocorrida em 16 de fevereiro de 1862, essa instituição estava desprovida de qualquer bem patrimonial e que dele gerasse frutos para melhorar o serviço de tratamento dos enfermos atendidos ali. Em virtude dessa carência, a comissão administrativa do hospital pediu em doação, para a construção de um mercado, um terreno que o Barão de Maruim possuía próximo à rua da feira, ao lado da igreja de São Salvador.

Humanitário como era o barão, não demorou em atender ao pedido[12]. Todavia, um ligeiro incômodo assolava implicando corriqueiros obstáculos: faltava dinheiro. A solução observada pelo Comendador Ângelo Francisco Ramos, poderia vir caso houvesse mobilização entre os "representantes da província", se concedesse um empréstimo na ordem de 20 contos de réis, que seriam descontados "dois terços" anualmente da renda arrecadada de tudo que fosse produzido no mercado. Ignoramos o desfecho desse caso.

Em 1868, a capela de São Salvador reclamava os primeiros reparos. Sob o gerenciamento paroquial do reverendíssimo padre José Luiz de Azevedo[13], o governo tendo à frente o Dr. Antonio de Araujo d'Aragão Bulcão, assinou a liberação de um subsídio no valor de duzentos e cinquenta mil réis para a restauração do coro e do frontispício da igreja.

O fato é que, decorridos quatorze anos, desde o falecimento de Inácio Barbosa, até o ano de 1869, numa das passagens pela administração do barão de Propriá, esse, tendo por tudo, considerando os esforços e meios viáveis, lançando mão das melhores soluções, principalmente pelo naufrágio da loteria[14], visto anteriormente, fortalecia a campanha com o pedido de donativos em benefício da obra da matriz de Aracaju que também circulou na capital do império.

Contudo, os gestores não se esquivaram em admitir que a construção da igreja consagrada a Nossa Senhora da Conceição, começava apresentar sinais positivos para sua conclusão. Enquanto isso, as missas continuavam sendo realizadas na capela de São Salvador. Em 1872, o mesmo barão de Propriá, José da Trindade Prado, escreveu o seguinte:

> Acha-se encarregado de sua continuação o Engenheiro civil Pedro Pereira d'Andrada, seu contractante.
> Com relação á Matriz do Aracajú, direi á V. Exc. que esta obra, com a qual aliás tem a Provincia despendido já grossas sommas, acha-se apenas coberta, como se vê.[15]

Outras obras deixadas por Ignacio Joaquim Barboza também ficaram por concluir. Entre elas, por exemplo, está a quilométrica via de acesso que liga o centro de Aracaju ao antigo povoado Santo Antônio. A execução desse trabalho de grande monta, ficou a cargo de um indivíduo chamado José Raimundo Costa Carvalho. As despesas para o andamento da empreitada corriam sob suas custas e riscos, contudo, quando terminasse todo dinheiro gasto lhe seria restituído.

Constituído do mais rigoroso zelo, Salvador Correia de Sá e Benevides só empregaria maior empenho na continuidade dos trabalhos interrompidos pela morte de Ignacio Joaquim Barboza, mediante celebração de contratos estabelecidos entre as duas partes interessadas, e que neles constasse expresso à indenização que cabia ao contratado, querendo com essa atitude honrar o compromisso "verbal" que Inácio Barbosa havia assumido. Contudo, comentou:

> Esse acto revela o gráo de confiança, que ao meu antecessor inspirava aquelle a quem incumbira de fazer essa obra sem planta, sem orçamento, e sem contracto algum escripto.[16]

De acordo com os dados levantados no orçamento, o valor total da obra custaria aos cofres do governo o montante calculado em 5:306$200 réis, o empreiteiro, José Raimundo Costa Carvalho ficou com metade desse dinheiro. Dr. Benevides previa que, depois de pronta, a estrada projetaria Aracaju para fora dos limites demarcados.

Em 1857, por força da resolução de número 453[17], certamente aprovada no governo do doutor Salvador Correia de Sá e Benevides, em três de setembro de 1856, autorizou que os restos mortais de "Ignácio Joaquim Barboza", outrora sepultado na matriz de Estância fossem traslados para Aracaju. A nova campa para depositar a ossada do ex-presidente da província foi encomenda em Pernambuco. O monumento funéreo veio em embarcação fretada transportado no "Hiate Sergipense"[18] (sic) e custou aos cofres públicos a quantia de 2:400$000 (dois contos e quatrocentos mil réis).

Capítulo 9
Visita de Dom Pedro II a Sergipe

AA mesma expressão de alegria sentida pelos brasileiros com a chegada da estirpe real nestas terras, no ano de 1808, - brilhantemente descrita nas obras: "1808", do escritor e jornalista Laurentino Gomes, e "D. PEDRO I - Um Herói sem nenhum caráter", da autora Isabel Lustosa -; Dom Pedro II quando veio a Sergipe, conferiu semelhante lisonjeio àquela sociedade. No entanto, o que se verá aqui, é uma dissertação fugaz sob o prisma vislumbrado de Manuel da Cunha Galvão, na época ocupante da administração pública do Estado, nomeado por carta do dia 31 de janeiro de 1859 e tendo assumindo o cargo apenas em 7 de março ficando aí estacionado até o dia 20 do mesmo mês e ano, quando pediu dispensa. Entretanto, demorou na função por mais tempo em virtude de algumas imprevisibilidades enfrentadas pelo seu sucessor:

> Pela segunda vez cabe-me a honra de, em cumprimento da Lei, vir apresentar-vos o estado dos negocios publicos da Provincia. Quando no dia 27 de Abril de 1859, dirigia-vos a palavra pela primeira vez, estava bem longe de esperar o grande successo que occorreo: A visita de Suas Magestades Imperiaes[1]

Dom Pedro II e sua comitiva imperial desembarcaram em Aracaju no dia 11 de janeiro de 1860. Depois de instalados, o monarca que é neto paterno de Dom João VI e bisneto da rainha Maria I, cumpriria uma agenda bastante movimentada sob o sol escaldante de verão.

Cabe propiciamente mencionar que essa era a segunda vez que Pedro II pisara em terras sergipanas. Na primeira oportunidade, por ocasião de ter visitado a cachoeira de Paulo Afonso, na Bahia, em excursão na região Nordeste do Brasil, ele visitou Propriá onde assistiu missa em ação de graça, Vila Nova (Neópolis) e Porto da Folha, entre os dias 15 e 16 de outubro de 1859.

Durante as incursões às províncias nordestinas pelo rio São Francisco, passando pela Bahia, Alagoas e Sergipe, dentre outras localidades. Atento, Pedro II findou por anotar o testemunho de tudo o que seus olhos contemplaram e as impressões que teve das cidades ribeirinhas, as carências dos habitantes etc., foram descritas num diário de bordo, um relicário legado e detalhado ao seu modo, intitulado "Diário da Viagem ao Norte do Brasil".

Cidadãos distintos da política sergipana se deslocaram da capital com o único propósito de dá as boas-vindas ao imperador quando ele alcançou as vilas localizadas ao norte da província. Apenas o Barão de Propriá se recusou a integrar a comissão que recepcionou Dom Pedro II.

Desembarcando em Propriá, por exemplo, o monarca examinou a arquitetura das vivendas, e os aspectos dos templos religiosos, além de manifestar o desejo quase incontido de conhecer e talvez até, ver em atividade a fábrica de "descascar arroz", empreendimento dos sucessores do empresário "Esequiel Henriques" (sic), mas esta, segundo ele, naquela ocasião ninguém deu expediente.

> Propriá é uma vila de 3.000 habitantes com algumas casas boas e de sobrado, e uma fábrica dos herdeiros de Esequiel Henriques, de descascar arroz, com máquina de vapor que desejei visitar, mas não o realizei por achar a porta fechada[2]

Na segunda oportunidade que esteve em solo sergipano, Dom Pedro II chegou à capital Aracaju, sendo recepcionado com grande pompa, para depois e devidamente instalado, se dirigir no dia 13 de janeiro de 1860, ao povoado Barra dos Coqueiros. Lá o imperador foi distraído com ritual indígena, seguido de exposição de animais, e possivelmente deve ter conhecido a fruticultura local.

No dia seguinte, rumou para Maruim, depois percorreu as ruas de Laranjeiras, de Estância; foi à histórica cidade de São Cristóvão; passou também por Itaporanga; oportunamente nessa ocasião, o ilustre visitante conheceu o engenho Escurial do comendador e ex-presidente da província Antônio Dias Coelho e Mello, sendo aí oferecida ao augusto viajante e aos seus acompanhantes, suntuosa refeição[3].

De acordo com Manuel da Cunha Galvão, Dom Pedro II, acordava cedo, geralmente às 5h da manhã e estendia sua jornada de compromisso, por vezes, como assinalou, finalizando as atividades até os últimos instantes no final da noite:

> vós o acabeis de ver lidar incessantemente das cinco da madrugada até uma hora da noite, quando elle recomeçava no dia immediato o seu trabalho, os seus exames, as suas investigações com o mesmo ardor, com a mesma frescura que no dia anterior[4]

Privilegiado por ser a principal testemunha ocular, acompanhando atentamente cada passo do monarca, Cunha Galvão anotou em seu relatório jamais ter percebido no imperador qualquer sinal que indicasse repulsa ou fadiga. Nada incomum aos dias de bastantes atribuições. Se transitando sereno a pé, não se omitia a escolta do governante de Sergipe e se, Pedro II demonstrava habilidade de montar a cavalo, desdobrava-se para não deixar momentos tão singulares sem registro. O líder da nação se mostrava sempre muito disposto. Paciência e bondade foram as qualidades que mais tocaram e encheu de orgulho o coração dos sergipanos.

> o que Sua Magestade o Imperador fez nos dias da sua estada em Sergipe, não se acredita; parece impossível que haja outro Monarcha que faça tanto. Se o vimos activo, trabalhador e incansável sem igual, tambem o vimos caridoso em extremo[5]

Os cidadãos mais humildes como disse Cunha Galvão, ficaram em volta do soberano como se o envolvesse numa dança de roda, e esse, cortês, punha-se "de pé" para ouvir detidamente por horas a fio, como o pai amoroso que não abandona o filho em suas lamentações mais confidentes, principalmente quando esteve nos hospitais transmitindo boa energia e consolando os doentes.

Dom Pedro II também visitou as escolas destinadas ao ensino exclusivo só para crianças do sexo feminino e outra unidade educacional apenas para o sexo masculino. Nessa ocasião, como catedrático sabatinou com brilhantismo os estudantes e, por fim, focando para as luzes da instrução e a incomparável importância dos professores em seu papel de educar.

Quando esteve em Sergipe, principalmente nos lugares que inspecionou pessoalmente, a visita do imperador gerou bons frutos, quando atentou para algumas medidas adotadas antes do embarque dele para a capital do império. Na véspera da viagem, dia 20 de janeiro, o filantrópico Dom Pedro II, além das doações que fez para os hospitais de caridades e estabelecimentos de ensino, resolveu criar o "Imperial Instituto Agricola Sergipano" (sic), composto e conservando regras similares às da Bahia, constituído no ano anterior, 1859.

Por esse ato, ficou determinado que o próprio Manuel da Cunha Galvão devesse conduzir os trabalhos da entidade, conforme nomeação observada no despacho de 20 de janeiro de 1860.

> Procurei, como sabeis, Senhores, por todos os meios ao meu alcance, receber Suas Magestades Imperiaes de uma maneira condigna, e se não poude conseguil-o, fiz pelo menos uma recepção digna da Provincia de Sergipe.[6]

Cunha Galvão ainda incumbiu ao doutor Luiz Alvares dos Santos, a elaboração de um panfleto, detalhando o que foi realizado durante a estada do monarca desde o momento do desembarque, as comemorações e incursões pelas ruas de Aracaju e de umas poucas vilas e cidades do interior. O imperador encerrou suas atividades em Sergipe no dia 21 de janeiro de 1860, data do seu regresso.

Para o presidente da Província, o imperador Pedro II, afeiçoara-se rapidamente e conviveu bem com os sergipanos nos dez dias que esteve por aqui. Não era difícil percebê-lo contemplativo, imerso em reflexão, assimilando costumes e identificando os males que mais afligiam a vida dos cidadãos, e quais providências deveriam ser tomadas para que as fizessem melhorar as condições.

Contudo, a simples presença do monarca condicionava ao povo a possibilidade de flertar o futuro de perto, com o espírito renovado e consciência política. Por outro lado, pertinentes indagações afloravam no íntimo de cada um. Mas, o que era possível compartilhar com o imperador, criado dentro de um regime sob as mais contumazes disciplinas, coberto pela imensa responsabilidade de gerir uma nação ainda na fase pueril? E, o que se podia absorver e simultaneamente ensinar-lhe sem a convicção de que já não soubesse? Cremos que pensamentos parecidos devem ter se instalados na alma das pessoas e criado, quem sabe, boas perspectivas para ambas as partes.

Capítulo 10
Colóquios variáveis

Evaristo Ferreira da Veiga, conforme declarou em relatório de 17 de junho de 1869, quando deixou a administração sergipana para o novo gestor, o não menos notável barão de Propriá, e ir ocupar uma cadeira na Câmara dos Deputados, no Rio de Janeiro. Foi nomeado presidente da Província por ordem imperial do dia 19 de setembro de 1865[1]. Durante seis meses e 23 dias à frente do governo, recebeu do imperador, D. Pedro II, - quando a família imperial esteve visitando Sergipe -, um donativo no valor de 1:000$ (um conto de réis). O dinheiro foi destinado para custear a construção simplória de uma fonte na cidade de Maruim. Ao dirigente do Estado, restou a simples tarefa de contratar os serviços do cidadão Manoel Moreira de Souza Macieira.

Ainda na administração de Evaristo Ferreira da Veiga, na rua da frente, o novo pavimento melhorou o ambiente de acesso da Ponte do Imperador. O cais foi acrescido de mais alguns metros, o calçamento também se estendia até a "porta da Matriz".

Em 14 anos, após o trasladar da sede da capital, o trabalho de urbanização de Aracaju continuava imprimindo o esforço das autoridades públicas. Em abril de 1869, por exemplo, foi posto em prática o plano para iluminar as ruas escuras da nova casa do governo, concluindo com a instalação de 100 (cem) lampiões abastecidos com querosene. Paulatinamente, Aracaju ia recebendo novos contornos e afigurando-se ao estilo exigido pelo novo status.

Ainda, quase dez anos depois da visitação do Imperador, num determinado período de estagnação da chuva, registrado em 1869, por causa da seca, numa fase mais alarmante da estação, fez com que milhares de cidadãos sertanejos abandonassem seus lares, em Alagoas e migrassem para Propriá, em Sergipe, na busca de melhor alento e fertilidade do solo para o plantio.

Estando o governo, o doutor Evaristo Ferreira da Veiga, eventualmente em excursão naquela região ribeirinha, não se furtou em estender o auxílio do poder público as famílias de retirantes, pondo em prática um plano emergencial de caráter paliativo com subsídios capitados às súbitas.

> Familias e famílias inteiras cheias de necessidades agglomeravão-se em pequenas casas, donde sahiam para esmolar o pão da subsistência[2]

Ele testemunhou a cidade de Propriá ser tomada por pelo menos 500 pessoas[3], outras tantas, em número superior, seguiram por caminhos diferentes. Apesar das demonstrações de solicitudes e hospitalidades dos moradores, não extenuou o problema, tamanha era a necessidade dos que lhes batiam a porta com pedido de socorro.

******

No ano de 1865, o governo sergipano deu início à campanha de expedir soldados para o front de batalha na guerra do Brasil com o Paraguai. A contenda internacional envolveu três países da América do Sul ficou conhecida como "tríplice aliança".

Sergipe, sendo nessa fase, presidido pelo Barão de Propriá, José da Trindade Prado, em quatro meses e vinte dias de administração, mobilizou uma força de 2.716 homens. Entre esses, havia 681 indivíduos incorporados aos "voluntários da pátria", além de mais 23 cidadãos "voluntários e recrutas d''Armada" (sic). O corpo de aprendizes de marinheiro arregimentou 19 adolescentes.

Sucedendo-o no cargo, o novo gestor, o doutor Dionizio Rodrigues Dantas, ainda em dias de abril, de 1869, fez seguir para o sul do Brasil uma pequena unidade composta por apenas sete soldados, elevando timidamente o contingente para 2.722, e por essa razão, salientou altivo:

> Quando os tropheos de mil victorias, palmo á palmo disputadas, tiverem de assignalar as irradiações luminosas das vinte estrellas que scintillão em torno do emblema Nacional – o patriotismo dos Sergipanos não será votado ao esquecimento; - a pequena mas leal Provincia que enviou 2,716 soldados, para o theatro da guerra, arrancando braços uteis a lavoura que á falta d´elles definha[4]

A declaração teve respaldado com o doutor Ferreira da Veiga, cuja reiteração igualmente arguta e fulgurante, externou consciência pátria com prédicas de vitória. Chegou a dizer que, os brasileiros prefeririam ser lançados no abismo da morte, ou presos na alcova do leão, até afogados no próprio sangue e ver sucumbir tragados pela tragédia nacional e falência do numerário financeiro, do que ceder ao capricho de um inescrupuloso decreto de paz proposto pelo oponente.

O anúncio que inundou os lares dos brasileiros dando nota de que o País estava em ferocíssima guerra, fê-los todos de pé. O retumbar dos canhões não desnorteou ou tolheu à covardia os sobressalentemente fortes de espíritos da pequena população sergipana. Diferente disso, aqueles indivíduos se fizeram continentes ao clamor da nação, em defesa da soberania de seu povo bravio e integridade do território.

Os sergipanos dormitavam passivos, e apenas filtravam os rumores da luta que se deflagrou entre o governo brasileiro e os países aliados contra a República paraguaia, do líder tirano Francisco Solano Lopes. O doutor Antonio de Araujo d'Aragão Bulcão, a quem foi confiada à direção da diminuta província, aflorado pelo intumescimento da galhardia, por tal declarou.

> a Provincia de Sergipe não se conservou impassível, nem cruzou os braços ante a situação difícil a que uma lucta inesperada le-

> vára o Paiz. Pelo contrario, os Sergipanos derão sempre incon-
> testáveis provas do mais acrisolado patriotismo e da mais su-
> blime abnegação[5]

O contingente de voluntários, segundo o comendador Travassos, apresentando antítese à dicção constante nos relatórios dos presidentes da província, na realidade, os indivíduos recrutados para empunhar armas na guerra do Paraguai, não eram tão espontâneos assim, porque, em alguns casos, não o fazia de bom grado. Nem os adolescentes ficaram isentos do serviço militar obrigatório, quinze menores de 18 anos, engrossaram a lista da "companhia de aprendizes artilheiros".

Segundo o doutor José Pereira da Silva Moraes, não havia meios de se recusar às determinações previstas no aviso de 22 de agosto e, para assegurar o cumprimento da ordem, o governo imperial promulgou o decreto 3.714, de 6 de outubro de 1866, conclamando os indivíduos aos serviços da guerra, abrindo as fileiras do recrutamento "forçado", como disse Travassos, e expedição de voluntários para o campo de batalha.

Sobre o assunto, ele, o doutor José Pereira da Silva Moraes, tratou demonstrando um melindre quase indisfarçável.

> No intuito de poupar á Provincia as consequências de um recru-
> tamento forçado empreguei, como sabeis, todos os meios ao
> meu alcance, mas com pezar vol-o digo forão baldados os meus
> esforços[6]

Exauria-se o pequeno grupo de cidadãos que se oferecia para o combate, e nessas condições, os governantes empregando recursos persuasivos com doses excessivas de violência, praticavam chantagens, abusos, ameaças, perseguições, entre outros atos condenáveis. Da parte do governo imperial, havia promessas de alforrias para os escravos que aderissem ao programa de alistamento.

Cumprindo determinação imperial, a ofensiva da campanha bélica adotada pela tropa brasileira se projetou sob a ordem e estratagema desenvolvido pela experiência do Duque de Caxias, no entanto, Dom Luís Filipe Maria Fernando Gastão de Orléans, conhecido pelo título de conde d'Eu, o substabelecera nesse conflito por ele, o duque, achar-se, na época, alquebrado fisicamente, ao tempo que atendendo solicitação do próprio Caxias, as forças aliadas foram dispensadas. Era o prenúncio da vitória.

Nessa refrega de proporções hercúleas negativas, não fosse as milhares de vidas ceifadas, estabelecendo abalos desastrosos sentidos pelos dois países contendores. Não se pode olvidar a postura do monarca, Dom Pedro II, conferindo o melhor exemplo de patriotismo e liderança, creio, e interesse à causa da nação, transfigurou-se de soldado, tendo para isso que dispensar os paramentos régios, e deixar para trás as comodidades do lar e a dulcíssima companhia familiar. Marchou para "os Campos do Rio Grande do Sul", para assomar-se às tropas no combate dentro dos limites de Uruguaiana, divisando-se entre Argentina e Uruguai, onde o jugo do ditador paraguaio arbitrava atos de crueza e vilania.

Junto ao imperador, também marcharam austeros o Conde d'Eu e o Duque de Saxe, fato que revigorou os ânimos da soldadesca. Era a reação do império brasileiro contra a provocação de Lopes ao sitiar aquela parte do Brasil.

Em princípio de 1867, entusiasmado com as notícias vindas do sul, o doutor José Pereira da Silva Moraes, na presidência da província de Sergipe, e, portanto, cônscio dos sucessos das forças nacionais, já comemora por antecipação o triunfo sobre o algoz contumaz. Não se contendo, elevou sua fala:

> Offendido em seus brios de Nação livre e independente (...) o Brazil levantou-se como um só homem para vingar os ultrajes (...) Então um só pensamento dominou todos os espíritos, uma só opinião ligou todos os Brazileiros—vencer ou morrer, vingando a honra e dignidade do Brazil[7]

A autossuficiência do Paraguai por sua independência econômica em crescimento célere urgia a necessidade de expansão marítima do comércio para o mercado externo. O Atlântico, nesse caso, era o caminho para a escoação que desejava. Em tais condições, restou à república paraguaia em arrojar-se às invasões de outras divisas, os territórios dos países vizinhos; Brasil, Argentina e Uruguai não cederam ao esbulho sem o rechaço da artilharia que lhes convinham.

A capacidade de se desenvolver do governo paraguaio, de certa forma, gerou incômodos aos ingleses, que para não ver frustrados seus interesses mercantis na América do Sul, decidiu apoiar os países invadidos pelo exército de Solano Lopes, fornecendo material bélico. Foram cinco anos de combate, até os brasileiros conquistarem a capital Assunção.

Por seus muitos soldados mortos, mártires anônimos, em sua maioria homens simples que se acotovelavam nas lavouras, ou sobreviviam das rendas frágeis como comerciantes, transfigurados de uma hora para outra, em homens armados sem tirocínio ou treinamento militar, inaptos a eventos daquela magnitude. Nessa afirmativa, há de Euclides da Cunha, uma definição apropriada, que diz: "a guerra é o seu melhor campo de instrução e o inimigo o instrutor predileto"[8].

> Era preciso completa-los, armá-los, vestí-los, municia-los, adestra-los e instruí-los[9]

Reiterou.

Os escravos, por sua vez, espremidos por um regime cruel de servidão irremunerada, sonhavam com dadivosa carta de liberdade, prometida no calor de vencer o inimigo, e só concedida quase duas décadas mais tarde, em 1888. Sergipe reclama e roga o seu reconhecimento e lugar distinto na gloriosa crônica nacional.

Entretanto, um combatente surge indiferente às obscuras páginas do esquecimento à que estava fadado como a maioria dos soldados mortos em conflito. Francisco Camerino foi mortalmente atingido por uma granada na guerra do Paraguai. A desventura teve lugar no dia 22 de setembro de 1866, em território inimigo, quando ele tinha apenas 25 anos e faleceu recitando versos de bravura extraídos do poema de Thomaz Ribeiro, cuja curta trajetória de vida foi rememorada por intelectuais do quilate de Armindo Guaraná, Pedro de Calasans, Alberto Deodato, dentre outros.

O explosivo que feriu e matou Francisco Camerino, provocou graves lesões nos membros superiores e tiveram que ser amputados.

Francisco Camerino é sergipano de Estância, nascido no engenho Palmeira, no dia 21 de agosto de 1841, filho do cônego Antonio Luiz de Azevedo e de Jacinta Clotilde do Amor Divino.

Segundo o doutor Guaraná, Sergipe expediu aproximadamente 136.800 homens para a praça de guerra.

******

Como é cediço, na melhor expressão da palavra, nas águas do tranquilo litoral sergipano, a corrente marítima fez abundar nas praias de Aracaju as centenas de corpos atirados ao mar que estavam abordos dos três navios: Baependi, Anibal Benévolo, Araraquara, e de mais duas embarcações mercantes que também foram atingidos na costa baiana: Itagiba e Arará[10], torpedeados pelo submarino alemão U-507, entre os dias 15 e 16 de agosto de 1942.

O ataque, além de provocar a reação popular, gerou várias perseguições e depredações aos patrimônios de alguns alemães e italianos que viviam em Aracaju. Em outras palavras, foi o estopim para que o presidente da República, Dr. Getúlio Dorneles Vargas, até aí, se conservando totalmente neutro, atendendo ao clamor geral ouvido em todos os estados da federação, expusesse os brasileiros à cruenta II Grande Guerra Mundial, e responder à altura a investida covarde ordenada por Adolph Hitler.

Ansioso para dar uma resposta, que o imediatismo exigia e atenuar os ânimos tempestivos dos cidadãos, imprudente, o governo de Augusto Maynard Gomes, divulgou uma nota sem nenhum fundamento, dando conta que o submarino U-boat 507, capitaneado por Harro Schacht, tinha sido abatido pelo fogo americano. Não confirmamos qual foi repercussão que a falsa notícia teve na sociedade. Vide artigo do historiador Luiz Antonio Pinto Cruz, intitulado: "Atentado nazista em Sergipe: a história do torpedeamento dos navios mercantes brasileiros, 1942-1943", publicado na Revista de Aracaju, 2003, nas páginas 117-129.

O tema também foi abordado com riqueza de detalhes pelo estudioso Pires Wynne, em seu trabalho "História de Sergipe", além dos periódicos sergipanos citados por Luiz Antonio Pinto Cruz que, em sua primazia pelos exames que fez nos documentos do arquivo particular do instrutor de pilotagem Walter de Assis Ferreira Batista, que na manhã do dia 17 de agosto de 1942, sobrevoou o litoral sergipano na tentativa de localizar o navio Anibal Benévolo, mas o que o piloto encontrou foi destroços e alguns poucos sobreviventes.

Fontes confiáveis revelam pequenos furtos praticados enquanto os cadáveres sacudidos pelas ondas, ainda insepultos, jaziam nas praias de Sergipe. Depois que esses corpos foram recolhidos, por tais consequências, ganhou sepulturas num terreno cedido pela prefeitura da capital. O local recebeu a denominação de cemitério dos náufragos.

******

O território sergipano recepcionou com braços abertos os incontáveis visitantes que aqui estiveram e encontraram conforto e abrigo permanente, desde o longínquo século XVI, na busca incessante pelo enraizamento e afirmação de suas tendências e organização social.

Em mensagem dirigida à Assembleia Legislativa por ocasião da "2ª sessão ordinária da 9ª legislatura", ocorrida em 7 de setembro de 1909[11], o governador interino, doutor Manoel Baptista Itajahy, prestando conta de sua administração, motivada pelo afastamento do titular da pasta, o doutor José Rodrigues da Costa Doria, este submetido a tratamento de saúde. Ao passo que rememorava pesaroso o falecimento do Presidente da República, Dr. Afonso Augusto Moreira Pena (1847/1909), lacônico em sua explanação destacou a construção da linha férrea sobre o rio "Carnahyba" devendo unir "Timbó a Propriá", a obra teve início em julho de 1909.

> É esse um facto que deve encher de contentamento aos sergipa-
> nos, pois que essa estrada virá trazer naturalmente considerá-
> veis proveitos a nossa situação economica e financeira[12]

Doutor Itajahy, assumiu os destinos do governo de Sergipe interinamente nos primeiros dez dias do mês de julho de 1909, enquanto aguardava pelo restabeleci-mento da saúde de José Rodrigues da Costa Doria.

Ocupando-se dos assuntos administrativos, além de evidenciar relações es-treitas e mais profícuas, mantidas entre o Estado e os municípios, satisfeito, o doutor Itajahy, sincero em seu discurso, exprimiu o seguinte comentário:

> Existe a mais ampla harmonia entre as relações do governo es-
> tadoal com os municipaes. É digna de nota a solicitude com que
> estes procuram auxiliar aquelle no desempenho de sua missão.
> A seu turno o Governo não regateia esforços quando se trata de
> facilitar-lhes a acção administrativa, dentro da esphera traçada
> pela Constituição e com os recursos de que dispõe. (...) Sergipe
> preciza de administradores bem intencionados, porque é da ac-
> ção efficaz e benefica dos governos que nasce a felicidade do
> povo nos regimens democráticos.[13]

Cabe nesta exposição, equacionar a suposta renúncia de José Rodrigues da Costa Dória do cargo de governador, que segundo ele, estava associada a algum plano implícito e suscitou grave suspeita do envolvimento do vice, então no exercí-cio, o doutor Manoel Baptista Itajahy em divulgar intencionalmente na imprensa o ofício que o titular do governo havia escrito momentos antes de se ausentar para tratamento de saúde, período que demandou como consta do relatório, seis meses de afastamento da administração pública.

Ainda, segundo Costa Dória, o doutor Itajahy assenhoreou-se sem lisonja da mencionada declaração e manteve-a no mais zeloso sigilo por dois meses até torna-la pública, em 22 de outubro de 1909, causando reviravolta no cenário político ser-gipano. O plano era impedi-lo de reassumir o governo do Estado quando regres-sasse da Bahia. Apesar disso, Costa Dória asseverou que o documento não tinha consistência que motivasse qualquer ação judicial, e em sua defesa, protestou:

> o dr. Baptista Itajahy, apoderando-se por modo inconfessável de um documento meu – um officio de renuncia, sem valor jurídico (...) no intuito, de obter desse modo a minha deposição fraudulenta[14]

Ele também considerou a publicação do teor contido na referida formalidade um ato abusivo da imprensa, excedendo-se insensatamente contra a legitimidade de sua autoridade, sem apuração dos fatos, a que expunham, associando o seu nome a uma versão ambígua da história que foi ventilada.

A repercussão indigesta da carta renúncia, fez com que o bacharel João Maynard adiantasse em formular pedido de exoneração do posto de "Chefe de Polícia". Sendo readmitido após o retorno de Costa Dória na titularidade da pasta.

A postura desfavorável atestava o comportamento fora do senso comum para o realce e personalidade de que o doutor Itajahy era dotado, fato que fez aflorar outros incidentes, e, a tentativa de usurpação de poder, teve reflexo com algum prejuízo nos trabalhos legislativos da câmara dos deputados, além de estimular a prática de privilégios.

Costa Dória guerreava com notável veemência qualquer situação de favorecimentos e vantagens que desvirtuassem a ordem natural de seu modelo de governar.

José Rodrigues da Costa Dória concentrou toda energia com o objetivo de revogar, por via da legalidade, o efeito nocivo gerado pelo conteúdo do ofício de que foi signatário, em que dizia ter abdicado espontaneamente a administração estadual, para depois, sem dilações, forçar a deposição do seu partidário e opositor.

Por sua rogativa, juntaram-se à causa, aquilatados representantes da magistratura como os doutores Gumercindo Bessa, João Antônio Ferreira da Silva, o presidente do Tribunal da Relação, desembargador Homero de Oliveira, o jornalista do Diário da Bahia, Aurelino Leal, os advogados Clovis Bevilaqua e Araripe Junior, além do "Conselheiro Laffayete Rodrigues Pereira". Cuidaram na sondagem do caminho para sua restituição ao cargo para o qual tinha sido eleito.

Costa Dória deixou o Estado da Bahia, onde esteve em tratamento, no dia 12 de novembro de 1909, chegando a Aracaju no dia seguinte, 13, e por aquiescência do presidente da República, uma escolta federal comandada pelo general "Lydio Porto" foi imbuída de reconduzi-lo ao Palácio do governo. Já havia grande concentração popular aguardando a sua chegada. O general Porto faleceu dia depois, já regressado da tarefa.

Logo, lhe foi chegando notícias da Assembleia Legislativa. Um fato arrancou dele uma reação inesperada, ao tomar conhecimento da perda de mandato de um deputado, cujo nome não revelou. Afetados, os membros da câmara estavam desprestigiados. Costa Dória considerou que as leis sancionadas no governo do doutor Itajahy, eram no mínimo incomuns, inconstitucionais e cujos efeitos pretendia anular integralmente. Porquanto, destacou ratificando:

> esquisita aprovação de todos os actos praticados pelo vice-presidente do Estado, dr. Manoel Baptista Itajahy, durante o período da sua administração (...) em algumas das suas disposições, ou ferem de frente a Constituição, ou são de grande inconvienencia e prejudiciais ao serviço e interesse publicos[15]

Foram ainda no governo efêmero do doutor "Itajahy", que se formularam as denúncias do extravio de armamento restrito, munições e dos instrumentos musicais, imprescindíveis ao uso de que são mister. Deram como paradeiro desses artefatos às pessoas ligadas a Itajahy, dentro e talvez fora dos limites de Sergipe.

As diligências feitas sob o patrocínio altaneiro do tenente "João Baptista da Silva" nas cidades de Lagarto, - domicílio dos membros da família do doutor Itajahy, e Itabaiana, onde ele residia -, para recuperar os objetos de que nos referimos no parágrafo anterior. Os suspeitos não admitiram suas culpas nem mesmo de ter envolvimento direto na trama. No entanto, algumas armas foram resgatadas e devolvidas às corporações, o mesmo não aconteceu com os instrumentos musicais.

Os doutores José Rodrigues da Costa Dória[16], governador, e Manoel Baptista Itajahy[17], vice, foram eleitos no dia 30 de julho de 1908, sucedendo a Guilherme de Souza Campos.

Armindo Guaraná quando escreveu o "Dicionário Bibliográfico Sergipano", perfilando os dois estadistas, não fez nenhuma referência sobre os episódios reportados aqui. Todavia, a única menção constante na obra do doutor Guaraná, diz respeito aos artigos veiculados no jornal "O Estado de Sergipe", no ano de 1910, em que José Rodrigues da Costa Dória constituiu suas réplicas contra o doutor Manoel Baptista Itajahy, certamente trazendo eloquentes dissertações conflitantes. Por outro lado, considerando a inacessibilidade da citada publicação por este escriba, não há como confirmar registros de retratações assinaladas de parte a parte. Se as houve, claro.

José Rodrigues da Costa Dória nasceu em Propriá, no dia 25 de junho de 1859, filho de Gustavo Rodrigues da Costa Doria e de Maria da Soledade Costa Doria. Era médico formado pela Faculdade de Medicina da Bahia, professor e deputado federal. Faleceu na cidade de Salvador, Bahia, em 14 de janeiro de 1938. Vide, "Dicionário Biobibliográfico Sergipano", de Armindo Guaraná.

Manoel Baptista Itajahy tem suas raízes fincadas no município de Lagarto, de onde é natural, nascido na fazenda denominada Retiro, em 28 de junho de 1859, filho de João Baptista de Jesus e de Joaquina Maria do Sacramento. Faleceu em Aracaju, no dia 31 de janeiro de 1918. Vide, "Dicionário Biobibliográfico Sergipano", de Armindo Guaraná.

PÁGINAS AVULSAS

Nas notas do tabelionato I:
Dr. Manuel Joaquim Fernandes Barros

Desfrutara o doutor Manoel Joaquim Fernandes de Barros de elevado prestígio na esfera europeia, na França, para ser mais exato. Ele era "Alagoano de nascimento, mas sergipano de coração", como lembrou Liberato Bitencourt em seu laborioso tratado (Homens do Brasil – Sergipe). Nascido em Penedo, aos 17 dias de março de 1802, fruto do casal José Fernandes Chaves e Teresa de Jesus Barros Leite (1).

Vergado à causa científica, e dono de notável discernimento, Fernandes de Barros lapidara a formidável inteligência nos mais conceituados centros acadêmico europeus, onde colou grau de Medicina pela universidade de Strasburgo, em 1825, aos 23 anos de idade; Física pela Faculdade de Paris, França, além dos bacharelatos em Letras e Ciências pela Academia de Montpelliers [2].

Mas, não é sobre seus admiráveis conhecimentos científicos que aqui se pretende esmiuçar, o que, sem dúvida, daria a essa simplória exposição um realce que de longe ofuscaria nossa diminuta capacidade e expectativa de prosador; e sim, tratar do singelo ato público praticado em seu nome e de sua honrada esposa, a senhora Maria de São José Barros, no dia 13 de maio de 1837, pelos procuradores nomeados por eles por quem depositara inquebrantável confiança. Um deles era o tenente Lucino José de Gois Torres e o outro, o coletor Antonio Carneiro de Menezes, um ano após ele, o doutor Fernandes de Barros, ter deixado o cargo de 1º vice-presidente da pequenina província sergipana.

O referido instrumento de procuração foi redigido em seu próprio domicílio, no engenho "Jesus, Maria e José", aos 6 de abril do ano acima citado. Estava o já mencionado tenente Lucino José de Gois Torres, autorizado pelo poder que lhe foi outorgado, de vender ao capitão Manoel Raimundo Telles de Menezes, o engenho várzea grande e mais dois tratos de terra que o casal possuía em outro engenho denominado Cumbe, ambos localizados na vila de Rosário, conforme indica o documento, e custou ao comprador 64:000$000rs (sessenta e quatro contos de réis), moeda corrente da época.

O conteúdo da escritura de "compra e venda" foi lavrado nas atas notariais do livro próprio do tabelião, o distinto cidadão Manoel de Campos Pereira, na residência do já citado "coletor Antonio Carneiro de Menezes", localizada na legendária vila de Santo Amaro das Brotas, cuja Comarca era Laranjeiras. Grifamos parcialmente, o trecho que segue unicamente com o propósito de apresentar elemento de comprovação do que está sendo alegado, sob a escrita do competente notário público, que asseverou:

> pelos ditos vendedores marido e mulher por seo procurador me foi dito em prezença das testimunhas ao diante nomiadas, e assignadas que são legítimos senhores e possuidores de huma propriedade de Engenho de fazer asucar moente e corrente denominada = Vazia Grande [3]

Por outro lado, não chega causar espanto algum, considerar que, a razão primordial de se desfazer desses bens e entregar outros ao abandono, teria fundamento da necessidade de o casal, Fernandes de Barros e dona Maria de São José Barros, deixar a Província sergipana transferindo o domicílio para residir na cidade de Maceió, em Alagoas, sua terra natal, por conta das constantes ameaças de morte que o doutor Fernandes de Barros vinha sofrendo dos desafetos políticos. O que se confirmou três anos depois, com o desfecho de suas suspeitas, quando aí foi assassinado na Bahia, em dia 2 de outubro de 1840, com 38 anos, sucumbindo sob a lâmina fria desferida com violento golpe de punhal.

O incidente só desfraldou uma situação sobre a qual já estava estabelecido com um choque de maior proporção; a opinião pública estava dividida, principalmente no âmbito político partidário, levantando elementos hipotéticos a respeito da autoria do crime e do suposto mandante. A repercussão gerou acirrados embates com a instauração do processo crime, todavia, o agressor saiu impune da ação judicial, como foi recordado por Liberato Bitencourt.

Pois bem. Quanto ao objeto que inspirou essa matéria, também revela a aquisição dos respectivos imóveis pelo doutor Fernandes de Barros quando comprou o engenho Várzea Grande do senhor Antonio Pereira dos Santos Jurema; e o Cumbe, havido do tenente Luis Gonzaga de Medeiros Costa com a cônjuge dele, e a "Gholias Furtado de Mendonça".

Nas terras do engenho Várzea Grande, o doutor Fernandes de Barros, construiu casas, cultivou roças que eram lavradas por escravos; a compra, segundo o documento, como era costume, foi feita de "porteira fechada", tanto a mobília e até os cativos passaram a pertencer ao novo proprietário, exceto, frise-se, o açúcar que já havia sido produzido e ensacado não foi incluído na negociação, sem nenhuma objeção ou exigência da parte do comprador.

Manoel Raimundo Telles de Menezes assumiu compromisso de dá o primeiro sinal do pagamento, o equivalente a 20 contos de réis, o restante do dinheiro, referente aos 44 contos, foi estabelecido entre os interessados no negócio que seriam quitados em quatros parcelas de 11 contos de reis anuais, sendo que a primeira prestação deveria ser paga no dia 1º de maio de 1838.

As dimensões dessas propriedades, especificamente a que diz respeito ao engenho Várzea Grande, não foram descritas na lavratura do documento, exceto pelos lugares que lhes são adjacentes e servem como principais pontos de referência aí constam o lugarejo conhecido como "olho d'agua do cipó"[4], perto dele, estende-se o leito do riacho "capim Açu"[5] que se estabelece como marco divisório entre as terras da Várzea Grande e o engenho Pati. Próximo desses lotes está localizado a fazenda Santa Bárbara, onde, em tese, nasceu e residiu João Gomes de Melo, o barão de Maruim.

Para concluir, como era de praxe e continua sendo até a presente década, utilizado pelos tabeliães, no encerramento do ato, dizia-se ou diz-se o seguinte: "Nada mais se continha (...) Lido e achado conforme" etc.

Nas notas do tabelionato II:
O "fabriqueiro" da igreja

Antes da promulgação da lei reguladora, datada de 9 de setembro de 1870 e da assinatura do decreto 5604/1874, creio na hipótese que, pouco mais de um século e meio, não havia definição jurídica concreta dos cartórios e sobre o seu papel na sociedade, vai-se aí, a primeira quadra do século XIX e consumidas as duas décadas iniciais do segundo ciclo da fase respectiva.

Contudo, no plano inicial de legitimidade da função fiável dos registros das atas notariais e mais tarde dos assentos de nascimentos e afins, se pode considerar que as regras comuns do tabelionato são similares às que se praticam atualmente. De tal modo, não é incomum aos documentos públicos ver ainda as expressões que foram utilizadas em demasia no distante pretérito, como: "compareceu em meu cartório pessoas reconhecidas por mim, Tabelião" etc.

O caso a ser destrinchado na sequência retrata com alguma fidelidade a abordagem do preâmbulo acima exposto, pelo registrador "Pedro Barbosa Lial" (sic).

O envolvimento direto de um representante do conselho paroquial, nesse caso, a figura do "fabriqueiro", que era personagem indispensável para os assuntos de recolhimento de renda da igreja. Cabia tão somente a ele, administrar a pasta das finanças para aquisição de paramentos.

Determinada época, em Santo Amaro das Brotas, ainda em vida, o major "João Baptista de Jesus e Mello"[1], expressou em testamento sua vontade derradeira de doar ao padroeiro "Santo Amaro", da vila correspondente, o valor de oitocentos mil reis. Com o falecimento dele, ocorrido em data ignorada, coube ao também major Antonio Dinis de Siqueira e Mello e anuência da viúva, a senhora "Anna Izabel de Jesus Loureiro", que contraiu novas núpcias com o Coronel Vicente Luiz de Freitas Barreto, em satisfazer o desejo manifestado.

O ato ocorreu no dia 16 de janeiro de 1839, o "fabriqueiro" e capitão Antônio José da Silva Travassos e - anos mais tarde agraciado com as comendas da ordem imperial da rosa e de cristo -, era o representante legal responsável pelo recolhimento das doações e de outros tributos destinados à igreja matriz de Santo Amaro.

Seguindo o viés, relativo às doações que se ofereciam auspiciosamente às entidades sacrossantas de devoção e orago de suas preces, mais dois atos foram registrados no dia 17 de janeiro de 1839. O major Antônio Diniz de Siqueira e Mello, talvez investido pela outorga de procurador da testamenteira, a senhora "Anna Izabel de Jesus Loureiro", cumprindo a tarefa de realizar as últimas vontades do ex-marido, legou a Nossa Senhora do Amparo à quantia de 600$000 (seiscentos mil reis). A soma foi entregue ao procurador da irmandade com invocação da mesma santa, o senhor João Ferreira Monteiro, presidida pelo padre "Gonçallo Pereira Coelho" [2].

O vigário de Santo Amaro, "Gonçallo Pereira Coelho" foi previamente informado pelo citado major Diniz, da intenção do doador, recomendando-lhe, conforme a outorga a ele concedida, que aceitasse a oferta bem intencionada, por ser essa, sua última vontade. Para veracidade do que expôs ao sacerdote, Diniz portava a declaração assinada por "João Baptista de Jesus e Mello", submetendo-a a leitura prévia.

Noutra nota, lavrada no mesmo dia, 17, sob a rubrica do tabelião Francisco Munis Telles de Meneses, os mesmos cidadãos identificados acima, assinaram outra peça cessionária destinada à "Irmandade do Sacramento", da matriz de Santo Amaro. O valor declarado foi de 800$000 (oitocentos mil reis). Por essa ocasião, em específico, o indivíduo indicado para o recolhimento do benefício foi o senhor Manoel Ramos Maia [3].

Embalado por essas linhas notariais, saltam aos olhos outro registro de similar e rigorosa relevância para essa narrativa, porquanto, o tema não será tratado integralmente em capítulo exclusivo como deveria ser, mas julgando a conveniência dos temas antecedentes, talvez noutra oportunidade, dar-se-á ao caso atenção mais apropriada. Por enquanto, nos restringimos aos detalhes de menor relevo.

Em 17 de maio de 1837, o capitão Manoel Cardozo de Jesus, proprietário rural, residente e domiciliado no engenho Maruim de baixo, lançou em escritura pública declaratória, onde requereu ao governador da província doutor Manuel Joaquim Fernandes de Barros, que lhe fosse assegurado o direito à reintegração de posse de uma faixa de terra dentro da área do engenho, cedida por ele para construção da capela sob a égide do "Senhor dos Passos".

Sem delongas, o pedido para edificação do prédio foi atendido pelo citado capitão com toda boa vontade a que recomendava sua fé e respeito ao dogma religioso. Mas, uma lei provincial conferiu a prerrogativa de sede provisória, motivada pela criação da freguesia de Maruim, à outra capela denominada "Nossa Senhora da Boa Ora" (sic), que já estava construída, enquanto não saísse do papel o templo a que a peça se refere.

O que foi suficiente para o capitão Manoel Cardozo de Jesus, anos depois, voltasse a trás e desistisse da concessão do terreno onde seria, ou, talvez, já estivesse construída a pequena igreja, - esta parte do documento não é clara -, se opondo à instituição da freguesia, fazendo lembrar-se de outro despacho, promulgado em 1836:

> suppondo o supplicante, que tal creação não fosse atendível por ser contraria ao que determina huma outra Ley Provincial do anno tranzacto de senão fazerem tais creaçoens de Freguezia sem que não houvesse Capella decente com ornamentos e todo necessario [4]

Nesse ponto, o cedente convertido em reclamante, demonstrou-se controverso, confuso e reticente, uma vez que a trama se acha descrita numa escrita embaralhada, sem distinção objetiva de periodicidade, o que dificulta a compreensão. Entretanto, fica subtendido, na melhor das hipóteses, o desejo dele em ver valorizado o imóvel com a construção da ermida.

Para o descontentamento dele, o capitão Manoel Cardozo de Jesus, a criação da freguesia foi mantida e consequentemente deferida pelo prelado diocesano.

As queixas dele tinham motivações razoavelmente compreensíveis, considerando que, a área disponibilizada para construção do santuário, em tese, a princípio, não seria utilizada para o fim combinado, mesmo depois de pronto, por conta da ordem provincial que investiu provisoriamente a pequena capela de "Nossa Senhora da Boa Ora" (sic) à epígrafe superior.

Percebendo o efeito do prejuízo, Manoel Cardozo de Jesus reservou-se ao direito de reaver o espaço cedido, mesmo sem ter especificada essa condição em nenhuma cláusula de doação, presumo.

Para isso, ele definiu três razões para defesa de seus interesses, observando o estado decadente em que se encontrava a capela edificada dentro de suas terras. O templo estava abandonado, a aparência física do lugar revelava a ação severa do tempo e denunciava total falta de zelo, além do fato de ser extensão, ou estar anexada, como queira, a casa onde residia com a família.

O presidente da província se manifestou em favor dele, em 20 de abril de 1837, e resolveu:

> "Ninguem pode esbulhar ao Supplicante da sua Propriedade sinão no cazo emdicado pelo paragrafo, vinte dois, do Artigo cento e setenta e nove Constituição do Imperio; por isso só terá logar a disposição da Ley Provincial, que menciona, se o mesmo suplicante consentir nisso [5]

O ato foi ministrado e escrito nas notas do tabelião Manoel de Campos Pereira, em Santo Amaro das Brotas, devendo tratar-se de fato precedente, descrito de maneira extremamente resumido, e pode ter decorrido alguns anos até a obtenção do parecer do presidente da província.

Manoel Cardozo de Jesus decidiu recorrer aos serviços do notário público como mote de apenas requerer o registro e resguardar para a posteridade o episódio em que se envolveu, ou em outra análise, constituir prova para eventuais refutações. É essa a impressão.

O título da freguesia sob a proteção do "Senhor Bom Jesus dos Passos do Maroim" (sic), outrora guerreado pelo capitão Manoel Cardozo de Jesus, duas décadas depois, em 1857, já se sabia do embargo judicial e suspensão das atividades por sua condição dissonante, considerada em ato correcional pelo Juiz de direito atuante na época, conforme consta em relatório oficial, do dia 15 de abril de 1858, assinado pelo senhor José Pinto da Cruz, no posto de secretário interino do governo.

Filiadas à matriz de Maruim, estavam as capelas de "Santa Cruz", a de "Nossa Senhora da Boa Hora" e "São Vicente Ferret", essa última, traz inscrita no vão da entrada o ano 1742, indicando a construção do pequeno templo, talvez seja, portanto, o mais antigo edifício religioso do lugar.

NOTAS

<u>Capítulo 1</u>
Caminho das pedras

1.   Inventário: 001-caixa:01-Documento Nº 01. Arquivo Histórico Ultramarino - Conselho Ultramarino - Brasil – Sergipe. Doravante(A.H.U.)

2.   Ibidem...

3.   Ibidem...

4.   Inventário: 341 - caixa: 06 - Documento Nº 21 e 23. (A.H.U.)

5.   André de Melo e Castro, foi o quarto Conde das Galveias, nasceu em dezembro de 1668 e faleceu aos 29 de janeiro de 1753. Governou a província de Minas Gerais, entre setembro de 1732 a 26 de março de 1735.

6.   "Relatorio com que foi aberta a 2ª Sessão da Undecima Legislatura da Assembléa Provincial de Sergipe no dia 1° de Fevereiro de 1857 pelo Excellentissimo Presidente Doutor Salvador Correia de Sá e Benevides. Sergipe. Typographia Provincial – 1857". Pág. 32. Biblioteca Nacional – RJ.

7.   Ibidem, págs. 33 e 34.

Capítulo 2
Capitão-mor Jerônimo de Albuquerque

1.   Inventário: 004 – caixa: 01 – Documento N° 3-A. (A.H.U.)

2.   Inventário: 005 – caixa: 01 – Documento N° 3-B. (A.H.U.)

3.   Inventário: 012 – caixa: 01 – Documento N° 9 (A.H.U.)

Capítulo 3
Sergipe: doações e a reconstrução de Lisboa

1.   Inventário: N° 364 – caixa: 03 – Documento N° 26. (A.H.U.)

2.   Inventário: N° 415 – caixa: 07 – DocumentoN° 60 (A.H.U.)

3.   Ibidem.

4.   Ibidem.

5.   Ibidem.

6.   Inventário: 438 – caixa: 08 – Documento N° 21. (A.H.U.)

7.   "Officio do Vice Rei Conde de Athouguia para Diogo de Mendonça Côrte Real, acerca do Donativo imposto pela carta regia de 6 de abril de 1727 para pagamento das despesas com os casamentos dos Principes. Bahia, 10 de setembro de 1753". BN/RJ.

8.   Ibidem...

9.   Ibidem...

10.   "Officio do Vice Rei Conde dos Arcos para Diogo de Mendonça Côrte Real, no qual se refere ao terremoto de Lisboa e ao donativo oferecido pelos habitantes da Capitania da Bahia para a ree-dificação da Capital do Reino. Bahia, 14 de maio de 1756". BN/RJ.

11.   Inventário: 438 – caixa: 08 – Documento N° 21. (A.H.U.)

12.   Inventário: 453 – caixa: 08 – Documento N° 40. (A.H.U.)

13.   Ibidem...

Capítulo 4
Bahia e Alagoas entram em porfia por Brejo Grande, em Sergipe

1.   Inventário: 391 – caixa: 07 – Documento N° 38. (A.H.U.)

2.   Ibidem.

3.   Ibidem.

4.   Ibidem.

5.   Ibidem.

6.   "Atlas do Imperio do Brazil comprehendendo as respectivas divisões administrativas, ecclesiásticas, eleitoraes e Judiciarias dedicado á sua Magestade o Imperador o Senhor D. Pedro II – destinado á Instrucção Publica no Imperio com especialidade á dos Alumnos do Imperial Collegio de Pedro II. Organisado por Candido Mendes de Almeida. Rio de Janeiro. Lithographia do Instituto Philomathico, Rua Sete de Setembro n. 68. 1868". Pág. 15.

7.   Inventário: 391 – caixa: 07 – Documento Nº 38. (A.H.U.)

8.   "Atlas do Imperio do Brazil comprehendendo as respectivas divisões administrativas, ecclesiásticas, eleitoraes e Judiciarias dedicado á sua Magestade o Imperador o Senhor D. Pedro II – destinado á Instrucção Publica no Imperio com especialidade á dos Alumnos do Imperial Collegio de Pedro II. Organisado por Candido Mendes de Almeida. Rio de Janeiro. Lithographia do Instituto Philomathico, Rua Sete de Setembro n. 68. 1868". Pág. 15.

9.   "Falla com que foi aberta no dia 1º de março de 1865 a segunda sessão da decima quarta legislatura da Assemblea Legislativa d'esta província pelo Presidente Doutor Cincinnato Pinto da Silva. Sergipe. Typographia Provincial. – 1865". Pág. 16.

Capítulo 5

Dr. Pedro Autran da Matta, em Laranjeiras

1.   "Relatorio do doutor Pedro Autran da Matta Albuquerque acerca do estado sanitário da cidade de Laranjeiras – 10 de junho de 1856". Pág. 14

2.   Ibidem. Pág. 15

3.   "Relatorio com que foi entregue a administração da Provincia de Sergipe, no dia 27 de fevereiro de 1856 ao Ilm. e Exm. Snr. Dr. Salvador Correia de Sá Benevides pelo 1º Vice-Presidente da mesma Provincia o Exm. Snr. Barão de Maroim. Typ. Provincial de Sergipe - 1856." Biblioteca Nacional/RJ

4.   Ibidem. Pág. 8

5.   "Relatorio do doutor Pedro Autran da Matta Albuquer acerca do estado sanitário da cidade de Laranjeiras – 10 de junho de 1856". Pág. 16

6.   Ibidem, pág. 17

7.   "Relatorio apresentado á Assembléa Provincial de Sergipe no dia 5 de março de 1860, pelo presidente Manuel da Cunha Galvão. Bahia: Typographia Poggeti de Catellina & Comp. Rua do Corpo Santo. 1860"

pág. 13

8.   "Relatorio com que foi aberta no dia 21 de janeiro de 1867 à segunda sessão da décima sexta Legislatura da Assemblea Provincial da Provincia de Sergipe pelo Exm. Snr. Presidente Dr. José Pereira da Silva Moares. Aracaju – Typ. do Jornal de Sergipe. Rua d´Aurora. 1867". Pág. 32

9.   Ibidem

10.   Ibidem

Capítulo 6

Colóquio dos presidentes da província

1.   "Falla com que foi aberta no dia 1º de março de 1865 a segunda sessão da decima quarta legislatura da Assemblea Legislativa d´esta província pelo Presidente Doutor Cincinnato Pinto da Silva. Sergipe. Typographia Provincial. – 1865." Págs. 1, 2.

2.   Ibidem, pág. 15

3.   Ibidem.

4.   Ibidem.

5.   Ibidem.

6.   Ibidem.

7.   Ibidem.

8.   "Falla com que foi aberta no dia 1º de março de 1865 a segunda sessão da decima quarta legislatura da Assemblea Legislativa d´esta província pelo Presidente Doutor Cincinnato Pinto da Silva. Sergipe. Typographia Provincial. – 1865." Pág. 16

9.   "Relatorio apresentado á Assembléa Legislativa Provincial de Sergipe no dia 1º de março de 1869 pelo Exm. Snr. Presidente Dr. Evaristo Ferreira da Veiga. Aracaju. Typ. do Jornal de Sergipe – Rua d´Aurora. 1869". Pág. 6. Biblioteca Nacional – RJ

10.   "Falla com que foi aberta no dia 1º de março de 1865 a segunda sessão da decima quarta legislatura da Assemblea Legislativa d´esta província pelo Presidente Doutor Cincinnato Pinto da Silva. Sergipe. Typographia Provincial. – 1865." Pág. 18

11.   "Relatorio apresentado á Assembléa Legislativa Provincial de Sergipe no dia 1º de março de 1869 pelo Exm. Snr. Presidente Dr. Evaristo Ferreira da Veiga. Aracaju. Typ. do Jornal de Sergipe – Rua d´Aurora. 1869". Pág. 7. B.N – RJ

12.   Álbum de Sergipe. Ano II, N. 1 – Álbum Comemorativo do transcurso dos 400 anos de colonização e fundação de Sergipe. 1990.

13.   "Atlas do Imperio do Brazil comprehendendo as respectivas divisões administrativas, ecclesiásticas, eleitoraes e Judiciarias dedicado á sua Magestade o Imperador o Senhor D. Pedro II – destinado á Instrucção Publica no Imperio com especialidade á dos Alumnos d´o Imperial Collegio de Pedro II. Organisado por Candido Mendes de Almeida. Rio de Janeiro. Lithographia do Instituto Philomathico, Rua Sete de Setembro n. 68. 1868". Pág. 15.

99

14.	"Mensagem apresentada á Assembléa Legislativa de Sergipe em 7 de Setembro de 1913 Na installação da 2a. Sessão Ordinária da 11a. Legislatura pelo Presidente do Estado Exm. Sr. General Dr. José de Siqueira Menezes. Aracajú. Typ. do O Estado de Sergipe, 1913".

Págs. 13-14.

15.	Ibidem, pág. 14

16.	Inventário: 302. Caixa: 05. Documento Nº 27. (A.H.U.)

17.	Ibidem.

18.	"Diccionario bibliographico portuguez - de Innocencio Francisco da Silva - applicaveis a Portugal e ao Brasil. Tomo Nono (Segundo do supplemento) C-G. Lisboa, na Imprensa Nacional. MDCCCLXX". Pág. 403.

19.	Ibidem.

20.	Inventário: 491. Caixa: 09. Documento Nº 22. (A.H.U.)

21.	Inventário: 487. Caixa: 09. Documento Nº 19. (A.H.U.)

22.	Inventário: 489. Caixa: 09. Documento Nº 20. (A.H.U.)

Capítulo 7
1822: Vila Nova ovaciona a corte de Portugal

1.	Gomes, Laurentino. 1822. A batalha do Jenipapo. Págs. 187 – 193. Rio de Janeiro, Editora Nova Fronteira, 2010.

2.	"O Conservador – semanario, Noticioso, Litterario e Popular. Anno XVIII. Nazareth, 2 de Julho de 1929. Num. 6". Biblioteca Pública do Estado da Bahia – Subgerência de Periódicos – Setor de Periódicos raros e valiosos".

3.	"Correspondencia official das Provincias do Brazil durante a legislatura das cortes constituintes de Portugal nos annos de 1821 - 1822, precedida das cartas dirigidas a El-Rei D. João VI pelo Principe Real D. Pedro de Alcantara, como regente. Segunda edição. Lisboa, Imprensa Nacional, 1872". Pág. 364.

4.	Ibidem, pág. 112

5.	Ibidem, pág. 72

6.	Inventário: 495 – caixa: 09 – Documento Nº: 26. (A.H.U.)

7.	"Correspondencia official das Provincias do Brazil durante a legislatura das cortes constituintes de Portugal nos annos de 1821 - 1822, precedida das cartas dirigidas a El-Rei D. João VI pelo Principe Real D. Pedro de Alcantara, como regente. Segunda edição. Lisboa, Imprensa Nacional, 1872". Pág. 40

8.	Ibidem, págs. 435-436

9.	Ibidem, pág. 72.

10.	Ibidem, pág. 187

11.	Ibidem, pág. 212

12.   Ibidem, págs. 210-218

13.   Ibidem, pág. 11

14.   Ibidem, pág. 42

15.   Inventário: 495 – caixa: 09 – Documento Nº: 26. (A.H.U.)

16.   Ibidem...

17.   "Correspondencia official das Provincias do Brazil durante a legislatura das cortes constituin-tes de Portugal nos annos de 1821 - 1822, precedida das cartas dirigidas a El-Rei D. João VI pelo Principe Real D. Pedro de Alcantara, como regente. Segunda edição. Lisboa, Imprensa Nacional, 1872". Pág. 43.

18.   Ibidem, pág. 63.

19.   Ibidem, pág. 43

20.   Ibidem, pág. 73

21.   Ibidem, pág. 74

22.   Ibidem, pág. 42

23.   Ibidem, pág. 75

24.   Ibidem, pág. 145

25.   Ibidem, pág. 362

26.   Ibidem, págs. 118-125

Capítulo 8

Mais colóquio dos presidentes da província

1.   "Falla, com que abrio a primeira sessão da quinta Legislatura da Assembléa Provincial de Sergipe. Exm. Presidente da Provincia, Commandante Superior Sebastião Gaspar d´Almeida Boto em o dia 11 de janeiro de 1842. Sergipe. Na Typographia Provincial. 1842".

2.   "Relatorio apresentado a Assembléa Legislativa Provincial de Sergipe na Abertura de sua Sessão Ordinaria no dia 1º de Março de 1855. Pelo Exm. Snr. Presidente da Provincia. Dr. Ignacio Joaquim Barboza. Sergipe. Na Typ. provincial. - 1855"

3.   Ibidem.

4.   Ibidem.

5.   Ibidem.

6.   Ibidem.

7.   "Memória sobre a Capitania de Sergipe. Sua fundação, população, produtos e melhoramen-tos de que é capaz. Por Marcos Antonio de Souza, Preslytero Secular do habito de S. Pedro e Vigario de N. Senhora da Victoria da Bahia. Anno de 1808. Oferecida ao Ilmo. e Exmo. Snr. D. Rodrigo de Souza Coutinho, Ministro e Secretario de Estado dos Negocios Estrangeiros e da Guerra. Pelo Auc-tor". Pág. 37.

8.	SAINT-ADOLPHE. J. C. R. Milliet de. Dicionário Geográfico, Histórico e Descritivo do Império do Brasil. Paris. Em casa de J. P. Aillaud, editor, 11, Quai Voltaire. 1845. Pág. 506.

9.	"Relatorio apresentado a Assembléa Legislativa Provincial de Sergipe na Abertura de sua Sessão Ordinaria no dia 1º de Março de 1855. Pelo Exm. Snr. Presidente da Provincia. Dr. Ignacio Joaquim Barboza. Sergipe. Na Typ. provincial. - 1855"

10.	"Relatorio com que foi aberta a 2ª Sessão da Undecima Legislatura da Assembléa Provincial de Sergipe no dia 1º de Fevereiro de 1857 pelo Excellentissimo Presidente Doutor Salvador Correia de Sá e Benevides. Sergipe. Typographia Provincial – 1857". Pág. 34. Biblioteca Nacional – RJ.

11.	"Relatorio com que foi aberta a 1ª sessão da undécima legislatura da Assembléa Provincial de Sergipe no dia 2 de julho de 1856 pelo excellentismo presidente doutor Salvador Correia de Sá e Benevides. Bahia. Na Typographia de Carlos Poggetti. Rua do Campo Santo. Nº 47. 1856"

12.	"Falla com que foi aberta, no dia 20 de janeiro de 1866, a primeira sessão da decima quinta legislatura da Assembléa Legislativa d'esta Provincia, pelo terceiro vice presidente Commendador Dr. Angelo Francisco Ramos. Sergipe. Typographia Provincial - 1866." pág. 15

13.	"Relatorio apresentado à Assembléa Legislativa de Sergipe no dia 2 de março de 1868 pelo Exm. Snr. Presidente Dr. Antonio de Araujo d'Aragão Bulcão. Typographia do Jornal de Sergipe, Rua d'Aurora - 1868."

14.	"Falla com que foi aberta, no dia 20 de janeiro de 1866, a primeira sessão da decima quinta legislatura da Assembléa Legislativa d'esta Provincia, pelo terceiro vice presidente Commendador Dr. Angelo Francisco Ramos. Sergipe. Typographia Provincial - 1866." pág. 14

15.	"Relatorio com que o Exm. Snr. Barão de Propriá 1. vice-presidente da Provincia de Sergipe passou a administração ao Exm. snr. Dr. Luiz Alvares de Azevedo Macedo presidente da mesma provincia no dia 17 d fevereiro de 1872. Typ. do - Jornal do Aracajú - Rua da Conceição". Pág. 9.

16.	"Relatorio com que foi aberta a 2ª sessão da undécima legislatura da Assembléa Provincial de Sergipe no dia 1 de fevereiro de 1857 pelo excellentismo presidente doutor Salvador Correia de Sá e Benevides. Sergipe. Typographia Provincial - 1857". Págs. 34-35. BN. RJ.

17.	Ibidem...

18.	"Relatorio com que foi entregue a administração da Provincia de Sergipe no dia 11 de abril de 1857 ao Illm. e Exm, Snr. Commandante superior José daTrindade Prado, 3º vice-presidente desta província pelo Exm. Snr. Dr. Salvador Correia de Sá e Benevides. Typographia Provincial de Sergipe - 1857". Pág. 10. BN. RJ.

Capítulo 9

Visita de Dom Pedro II a Sergipe

1.	"Relatorio apresentado á Assembléa Provincial de Sergipe no dia 5 de março de 1860 pelo presidente Manuel da Cunha Galvão. Bahia: Typographia Poggetti de Catellina & Comp. Rua do Corpo Santo. 1860"

2.   Dom Pedro II - Diário da Viagem ao Norte do Brasil.

3.   TRAVASSOS, Antônio José da Silva. Memorial Histórico da Política da Província de Sergipe, desde a época de sua Independência, escrita com toda a Imparcialidade. Secretaria de Estado da Cultura. Aracaju-SE. 2004. Organização e notas de Luiz Antônio Barreto. Pág 102.

4.   "Relatorio apresentado á Assembléa Provincial de Sergipe no dia 5 de março de 1860 pelo presidente Manuel da Cunha Galvão. Bahia: Typographia Poggetti de Catellina & Comp. Rua do Corpo Santo. 1860"

5.   Ibidem.

6.   Ibidem.

Capítulo 10
Colóquios variáveis

1.   "Relatorio com que o Illm. e Exm. Snr. Dr. Evaristo Ferreira da Veiga passou a administração da Provincia de Sergipe ao Illm. e Exm. Snr. Barão de Propriá no dia 17 de junho de 1869. Aracaju. Typographia do Conservador. Rua d´Aurora."

2.   Ibidem, pág. 27.

3.   Ibidem, pág. 27.

4.   "Relatorio com que o 2º Vice-Presidente o Exm. Snr. Dr. Dionizio Rodrigues Dantas passou a Administração da Provincia de Sergipe no dia 2 de dezembro de 1869 ao Exm. Snr. Presidente, Dr. Francisco José Cardoso Junior. Aracaju, Typ. do Jornal do Aracajú, Rua de São Salvador."

5.   "Relatorio apresentado á Assembléa Legislativa Provincial de Sergipe no dia 2 de março de 1868 pelo Exmo. Snr. Presidente Dr. Antonio de Araujo d´Aragão Bulcão. Typographia do jornal de Sergipe, Rua d´Aurora, 1868". Pág. 2.

6.   "Relatorio com que foi aberta no dia 21 de janeiro de 1867 a segunda sessão da decima sexta legislatura da Assembléa Provincial da Provincia de Sergipe pelo Exmo. Snr. Presidente Dr. Jose Pereira da Silva Moraes. Aracaju. Typ. do Jornal de Sergipe. Rua d´Aurora. 1867". Pá. 11.

7.   Ibidem, pág. 10.

8.   CUNHA, Euclides da. Os Sertões – Psicologia do Soldado Brasileiro. Págs. 277-278. Coleção Prestígio. 21ª edição. Rio de Janeiro. Ediouro, 2000.

9.   Ibidem – Delongas. Pág. 318.

10.   Memória de Aracaju. Caderno especial do jornal Cinform, Aracaju - SE, março de 2008, páginas 6/10

11.   "Estado de Sergipe - Mensagem apresentada á Assembléa Legislativa de Sergipe na 2ª sessão ordinária da 9ª legislatura em 7 de Setembro de 1909 pelo Vice-Presidente do Estado Dr. Manoel Baptista Itajahy. Aracaju, Typographia Commercial, 1909"

12.   Ibidem, pág. 25

13.   Ibidem, pág. 24

14.   "Mensagem apresentada á Assembléa Legislativa do Estado em 15 de Março de 1910, Na instalação da sessão extraordinária da 10ª Legislatura pelo Presidente do Estado Dr. José Rodrigues da Costa Doria. Aracaju, Typ. D´o Estado de Sergipe. 1910". Pág. 4. BN. RJ.

15.   Ibidem, pág. 10.

16.   José Rodrigues da Costa Dória nasceu em Propriá, no dia 25 de junho de 1859, filho de Gustavo Rodrigues da Costa Doria e de Maria da Soledade Costa Doria. Era médico formado pela Faculdade de Medicina da Bahia, professor e deputado federal. Faleceu na cidade de Salvador, Bahia, em 14 de janeiro de 1938. Vide, "Dicionário Biobibliográfico Sergipano", de Armindo Guaraná.

17.   Manoel Baptista Itajahy tem suas raízes fincadas no município de Lagarto, de onde é natural, nascido na fazenda denominada Retiro, em 28 de junho de 1859, filho de João Baptista de Jesus e de Joaquina Maria do Sacramento. Faleceu em Aracaju, no dia 31 de janeiro de 1918. Vide, "Dicionário Biobibliográfico Sergipano", de Armindo Guaraná.

PÁGINAS AVULSAS

Nas notas do tabelionato I:
Dr. Manoel Joaquim Fernandes de Barros

1.   Carlos Eduardo de Almeida Barata. Sergipe - Governadores e Presidentes da Província (1821 – 1889). Subsídios Biográfico-genealógicos. Parte I - 1821-1855.
2.   Ibidem...
3.   "Livro de escrituras e outras notas, sob o n° 6, de 21/02/1868 a 23/02/1874". Cartório do Ofício Único de Santo Amaro das Brotas – SE.
4.   Ibidem...
5.   Ibidem...

Nas notas do tabelionato II: o fabriqueiro da igreja

1.   "Livro de escrituras e outras notas, sob o n° 6, de 21/02/1868 a 23/02/1874". Cartório do Ofício Único de Santo Amaro das Brotas – SE.
2.   Ibidem...
3.   Ibidem...
4.   Ibidem...
5.   Ibidem...

BIBLIOGRAFIA RECOMENDADA

- TRAVASSOS, Antônio José da Silva. Apontamentos Históricos e Topográficos sobre a Província de Sergipe. Secretaria de Estado da Cultura. Aracaju-SE. 2004. Organização e notas de Luiz Antônio Barreto.
- GOMES, Laurentino. 1808: como uma rainha louca, um príncipe medroso e uma corte corrupta enganaram Napoleão e mudaram a história de Portugal e do Brasil. São Paulo: Editora Planeta do Brasil. 2007.
LIMA JÚNIOR, Antônio Francisco de Carvalho. Capitães Mores de Sergipe. Coleção José Augusto Garcez, Sec. de Estado da Educação e Cultura - FUNDESC. Segrase.

- MEDINA, Ana Maria Fonseca. Ponte do Imperador. 2ª Edição - Aracaju/SE. Gráfica J. Andrade. 2005.
- LUSTOSA, Isabel. Coleção Perfis brasileiros: D. PEDRO I - Um Herói sem nenhum caráter- Companhia das Letras
- CRUZ, Luiz Antônio Pinto. Atentado nazista em Sergipe: a história do torpedeamento dos navios mercantes brasileiros. (1942-1943). Págs. 117-129. Revista de Aracaju. Ano LX, 2003, N° 10 – Prefeitura Municipal de Aracaju - Funcaju
- CARVALHO, Vladimir Souza. Santas Almasde Itabaiana Grande. Edições O SERRANO. Itabaiana – 1973.
- SAINT-ADOLPHE.J. C. R. Milliet de. Dicionário Geográfico, Histórico e Descritivo do Império do Brasil. Paris. Em casa de J. P. Aillaud, editor, 11, Quai Voltaire. 1845.
- BARATA, Carlos Eduardo de Almeida. Sergipe - Governadores e Presidentes da Província (1821 – 1889). Subsídios Biografico-genealógicos. Parte I - 1821-1855
- "Revista do Instituto Archeologico e Geographico Pernambucano. Trimensal – Primeiro anno – Tomo primeiro – 1863 – Recife. Typographia Universal – Rua do Imperador n. 52. MDCCCLXIII"
- "MACHADO, Ignacio Barbosa. Historia Critico-Chronologica da Instituiçam da Festa, Procissam, e Officio do Corpo Santissimo de Christo no Veneravel Sacramento da Eucharistia. Lisboa, na Officina Patriarcal de Francisco Luiz Ameno. MDCCLIX". Cota do exemplar digitalizado: r-6830-a / Cópia pública, 55.5 MB, 1 ficheiro. Biblioteca Nacional – RJ
- GUARANÁ, Armindo. Dicionário Biobibliográfico Sergipano. Rio de Janeiro, Editora Pongetti, 1925.
Dicionário Biográfico de Médico de Sergipe
- "Correspondencia official das Provincias do Brazil durante a legislatura das cortes constituintes de Portugal nos annos de 1821 - 1822, precedida das cartas dirigidas a El-Rei D. João VI pelo Principe Real D. Pedro de Alcantara, como regente. Segunda edição. Lisboa, Imprensa Nacional, 1872".
- Liberato Bitencourt - Homens do Brasil – Sergipe.
Organizado a parcialmente anotado por Luiz Antonio Barreto
- Portugal. Dicionário Histórico - artigo: Barbosa Machado (Inácio). www.arqnet.pt/dicionario/barbosamachadoi.html

www.ingramcontent.com/pod-product-compliance
Lightning Source LLC
LaVergne TN
LVHW060259200726
843507LV00009B/1151